권력자의 계산법

최봉수 지음

가디언

"질문하는 인문학"
기획 의도

출판업은 제조업으로 분류됩니다.

무형의 지식과 정보를 활자로 변형하여

종이에 새겨 책이라는 상품을 찍어내는 비즈니스입니다.

TV라는 영상 매체가 등장하면서

활자 출판업은 올드 미디어로 분류되었습니다.

PC와 모바일폰이 진화하면서

종이책은 불편해졌고,

환경 파괴의 종범 정도까지 취급되고 있습니다.

그러면 출판업은 사라져야 할까요?

그래서

출판업을 다시 정의해 봅니다.

출판업의 핵심 역량은

활자와 종이가 아닙니다.

에디팅editing, 편집입니다.

지식과 정보를 가공하고 배열하여

새로운 가치를 만들어내는 비지니스라고,

출판일을 처음 할 때

책은 지식과 정보를 제공해야 한다고 배웠습니다.

그런데 시간이 지나 인터넷 시대가 되면서

사람들은 더 이상 책에서 정보를 구하지 않습니다.

그리고 챗GPT가 등장하면서

앞으로 지식도 책에서 얻으려 하지 않을 것입니다.

그러면 책은 사라져야 할까요?

그래서

책의 가치를 다시 생각해봅니다.

정보를 모으고, 지식을 나열하는 일은

0과 1만 아는 괴물에게 넘기고

그 대신

그 괴물이 토해내는

어마어마한 팩트 더미에서

하나의 질문을 찾아야 한다고

지식과 정보에서 지혜를 구해야 한다고.

머리말

결국,

사람이다.

'질문하는 인문학'은 사람 이야기다.

그 사람의 일생이 아니라

역사에 등장했던 순간

그의 선택에 관한 이야기다.

역사는 배경이 되고,

근거가 되고,

결과를 보여줄 뿐이다.

우리의 관심은

기록에 남아 있지 않은

그 사람의 내면의 목소리에 귀 기울이는 것이다.

그는 왜 그런 선택을 했을까?

그의 선택을 이해하기 위해

역사를 가져오고

상황을 분석하고

그래서

그러한 선택을 한 그의 그릇을 잰다.

어느 시대나

사람은 똑같다.

영원을 살 것처럼 일생을 앙탈 부리는가 하면

일생을 찰나처럼 여겨 영원을 구하기도 한다.

그 사람들에게서

지금 내 주변 사람을 이해하고 싶다.

당위를 내세울 의도는 애초에 없다.

짠하면 짠한 대로

찡하면 찡한 대로

사람 냄새를 맡고 싶을 뿐이다.

굳이 덧붙인다면

왜 그랬냐고.

차례

Q

다시 로마입니다. 기원전 753년 신화시대에 등장했던 로마가 중세까지 이어집니다. 476년에 서로마 제국이 사라졌지만, 아직 로마에는 교황청이 남아 있고, 콘스탄티노플에는 동로마 제국이 남아 있습니다. 로마의 교황과 동로마의 황제가 이제 중세를 이끌어갑니다.

전권 〈프로와 아마의 차이〉에서 우리는 듣보잡이었던 한 게르만 용병대장에 의해 어느 누구도 눈치채지 못하는 사이에 서양의 고대사가 끝나고 중세사가 시작되었다고 이야기했습니다.

그러나 콘스탄티누스 1세가 로마를 떠나 콘스탄티노플로 천도하면서 고대사가 마무리되고, 밀라노 칙령을 내려 기독교를 인정하면서 중세사가 시작되었다고 보는 것이 어쩌면 보다 정확한 역사 구분이 아닐까 생각합니다. 그래서 1453년 오스만 튀르크에 의해 난공불락難攻不落의 성, 콘스탄티노플이 무너지면서 중세사가 끝나고, 근대사는 또 종교개혁으로부터 시작한다고 정리하면 깔끔해지기 때문입니다.

그 사이 중세 유럽 대륙에는 새로운 지도를 그려나가는 새로운 영웅들이 출현하고, 그들은 영적 지도자인 교황과 시소게임을 벌입니다.

세속적 지도자인 황제는 영적 지도자인 교황으로부터 로마 제국의 제관을 받는 절차를 통해 고대 로마 황제의 영예까지 얻고자 했습니다. 그리고 교황은 그 절차를 통해 황제를 능가하는 세속적 권력을 탐했습니다. 어두운 중세 유럽의 하늘 위에 두 개의 태양이 뜬 것입니다. 황제는 교황을 임명하려 했고, 교황은 황제를 승인하려 한 것입니다. 세속적 지도자든 영적 지도자든 자신이 갖지 못한 권력을 탐하는 순간 공존할 수 없는 운명. 그렇게 중세 유럽은 황제와 교황, 교황과 황제의 파워 게임으로 어두운 역사를 하나하나 채워갑니다.

여기서는 오늘날까지 유럽을 동과 서로 나눈 우연찮은 사건으로부터 이야기를 시작할 것입니다. 그리고 중세를 더욱 암흑으로 몰아간 교황과 황제의 탐욕이 빚어낸 파워 게임을 추적할 것입니다. 거기서 우리는 또 우리와 다르지 않은 역사적 인물들을 만날 것이고, 그들의 선택으로부터 오늘을 사는 지혜를 찾을 겁니다.

오늘날까지 유럽을 동과 서로 나눈 우연찮은 사건

서로마 제국이 멸망한 이후 유럽 대륙의 유일한 제국은 동로마였다.

로마 제국은 군인황제시대를 거쳐 이민족의 이동이 시작된 3세기에 이르러 한 사람의 황제로 그 광대한 제국을 경영할 수 없다는 판단에 따라 동서로 나눠 분리 통치한다. 처음에는 행정상의 편의 때문이었다. 그러나 동서에 정제正帝와 부제副帝를 두다가 두 명의 정제와 두 명의 부제가 분할 통치하는 테트라키아, 사두정치四頭政治로 이어지면서 로마 제국은 사실상 내전 상태에 돌입한다.

한 마디로 로마 제국이라는 하나의 지붕 아래 네 가장이 이합집산하며 대립하였다. 이 분열과 대립을 처음으로 통일한 황제가 바로 콘스탄티누스 1세다.

그의 역사적 업적은 밀라노 칙령을 내려 기독교를 공인한 것과 비잔티움을 로마 제국의 새로운 수도, 노바 로마Nova Roma로 정한 것이다. 결과적으로 그가 중세의 양대 축을 기초한 셈이다. 그가 죽은 후 비잔티움은 그의 이름을 따 콘스탄티누스의 도시라는 뜻으로 콘스탄티노플로 개명하였고, 로마 제국의 공식적인 행정 수도가 되었다.

이때부터 로마 제국은 동서로 분열과 통일을 거듭하다 테오도시우스 1세에 이르러 마지막으로 통일을 이루었으나 395년 그가 사망하면서 마침내 서로마 제국과 동로마 제국은 결별을 선언한다. 이후 서로마 제국은 불과 100년도 못 버티고 사라진다. 이제 홀로 남게 된 동로마 제국을 고대 로마 제국과 구분하기 위하여 수도의 과거 지명인 비잔티움에서 그 이름을 따와 비잔틴 제국이라 부르기도 한다.

오늘날까지 유럽의 동서 교회의 분열 나아가 1,500년 동안 동유럽과 서유럽이 결이 다른 역사를 이어오게 한 우연찮은 사건을 지금부터 추적해보자.

콘스탄티누스 1세

구멍 송송 동로마 제국

534년, 유스티니아누스 황제는 제국 역사상 최고의 명장으로 꼽히는 벨리사리우스를 내세워 고토故土 수복에 나선다. 먼저 아프리카 북단을 가로지르며 반달왕국을 접수한다. 이어 고트족이 차지하고 있던 이탈리아 원정에 나서 남부에서부터 시칠리아, 나폴리, 로마, 라벤나까지 차례대로 손에 넣는다. 그리고 라벤나에 총독부를 설치하고 로마 교황청을 동로마 황제의 휘하로 접수한다. 이로써 동서 분리 이전 로마 제국의 영토를 200년 만에 회복한다.

그러나 동로마가 원정으로 거둬들일 전리품을 회수하기도 전에 제국에는 역병이 먼저 찾아와 유스티니아누스 황제까지 드러눕는다. 동로마는 엎친 데 덮친 격으로 급속도로 재정 위기에 휘말리며 깊은 나락에 빠진다.

뒤를 이은 황제들이 긴축과 중과세로 바닥난 제국의 재정을 메우려 하지만, 그럴수록 민심은 더욱 흉흉해진다. 이 틈을 타고 지배층은 연일 쿠데타로 황제를 교체하고, 그렇게 권력을 잡은 황제는 공포정치로 권력을 지키려 안간힘을 쓴다. 이런 악순환이 반복될수록 민심은 권력으로부터 점차 더 멀어져간다. 이제 제국과 민중은 각자 제 살길을 찾아 나선다.

이렇게 동로마가 유스티니아누스 이후 힘겹게 제국의 간판만 붙든 채 거친 숨을 몰아쉴 때 그 틈을 치고 들어온 세력이 동방의 페르시아계 사산 왕조였다. 사산 왕조는 소아시아와 시리아를 이어 접수하더니 성지 예루살렘까지 점령한다. 그리고 마침내 사산의 함선이 수도 콘스탄티노플의 코, 칼케톤에 출현한다.

무력한 동로마 황제는 서둘러 북아프리카 카르타고로 도망가려 했지만, 악천후로 배가 침몰하여 그조차 무산된다. 사산의 군대는 수 차례 공성전을 벌이지만, 난공불락 콘스탄티노플 성만이 묵묵히 제국을 지킨다. 그러나 이미 제국의 영토는 구멍이 송송 뚫리고 재정은 바닥을 드러냈다.

그러나 위기는 이 정도로 끝나지 않았다. 이번에는 사산 왕조를 무너뜨린 이슬람 제국이 콘스탄티노플을 공략한다. 그들 역시 성벽을 넘지는 못했으나, 지중해는 이제 사라센의 흑선이 차지한다. 제국이 동방의 페르시아와 이슬람의 연이은 침공으로 정신을 못 차리는 사이 북방에서는 슬라브족이 슬그머니 내려와 발칸반도를 차지한다. 불가르족은 다뉴브강을 건너와 불가리아에 뿌리를 내린다. 대제국은 콘스탄티노플 성벽 안에 갇힌 채 무력하게 이를 지켜만 볼 뿐이다.

이렇게 동로마 제국이 동방에서, 북방에서 쳐들어오는 이민족을 막아내느라 영토는 갈기갈기 찢어지고 국력이 바닥나는 동안 유럽 대륙에 먼저 정착한 게르만족은 차근차근 왕국의 틀을 갖추며, 로마 교황청에 의해 그리스도교로 개종해간다. 서유럽 대륙은 과거와 다른 새로운 질서, 새로운 문법이 가동되기 시작한다.

천운을 타고난 레온 3세

역사는 이데올로기가 파놓은 도랑으로만 흐르지 않는다. 더 많은 경우 우연과 실용이 선택한 엉뚱한 방향으로 곧잘 흐른다. 그래서 또 물길을 만든다. 그 물길이 마침내 역사가 되면, 역사가들은 쫓아와 그 길에 새로운 이름을 부여하고, 이데올로기를 덧칠한다. 마치 먼저 이데올로기가 서고 그 가치 위에 길이 난 것처럼. 이데올로기는 신과 함께 인간이 창조한 가장 완벽한 관념이다.

레온 3세는 717년 쿠데타로 황제가 되기 바로 직전까지 자신이 황제에 오르리라고 상상도 하지 못한 인물이었다. 그에게 뜻밖의 천운이 연이어 찾아온 것이다. 요즘 말로 하면, 길을 걷다가 하늘에서 별 하나가 머리 위로 떨어진 정도가 아니라, 아예 별 무더기, 성운이 쏟아진 것이다.

그는 오늘날 터키 남동부에 위치한 마라스 지역에서 태어난 시리아계 출신으로, 제국의 이주 정책에 따라 발칸반도 불가리아 지역으로 강제 이주를 당해 거기서 자랐다. 제국의 변방, 국경선 지역만 떠돈 동로마 제국의 가난한 농민의 아들이었다.

705년 그가 양을 치는 언덕 너머에 크림반도 케르손으로 유배 갔던 유스티니아누스 2세가 10년 만에 재기에 나서 쿠데타군을 이끌고 주둔한다. 그때 그가 유스티니아누스 2세를 찾아가 500마리의 양을 군수물자로 바치고 쿠데타군에 합류한다.

당시 그가 왜 그런 선택을 했는지 알려진 바는 없다. 어쩌면 순수한 의도일 수도 있다. 그러나 유스티니아누스 2세에게 강제 몰수당하느니 상납하는 것이 더 낫다고 판단했을 가능성이 크다. 그의 스타일상 그렇다는 거다. 그는 자신에게 닥친 현실이 불합리하고 억울해도 현실을 탓하고 원망하고 또 욱해서 사고를 치는 스타일이 아니다. 현실을 인정하고 냉정하게 판단해서 피해를 최소화하거나 이를 빗

레온 3세

겨 갈 수 있다면 그 차선책을 기꺼이 선택하는 매우 현실적인 인간이다.

더욱이 유스티니아누스 2세는 백성들에게 가혹한 세금을 부과하여 원망을 샀고, 불만을 터뜨리는 백성들을 가차 없이 학살하는 만행을 저지르다 쿠데타로 폐위당해 코까지 베이고 크림반도로 유배당한 전前 황제였다. 그로서는 삐딱하게 굴다가 양도 빼앗기고 목숨까지 잃느니 적극적으로 나서 양을 상납하고 유스티니아누스 2세 편에 붙는 것이 더 낫다고 판단했을 것이다.

그런데 그 유스티니아누스 2세가 쿠데타에 성공한다. 변방의 양치기 레온 3세는 그와 함께 수도 콘스탄티노플로 당당히 입성한다. 이제는 혁명의 주역으로. 졸지에 궁정 근위대 고위직까지 오르며 제국의 정가에 입문한다. 지옥에서 천당으로, 위기를 기회로, 판단을 잘했다. 줄도 잘 섰다. 그에게 떨어진 첫 번째 별이다.

레온 3세는 궁정에 들어가 오늘날 비서실 기능까지 겸하던 근위대 고위 간부로 있으면서 황제의 특명을 받고 제국의 동방 외교 업무를 맡았다. 그가 시리아계 출신이라는 점이 고려되었을 것이다. 그래서 당시 최대 현안으로 부상하던 이슬람 외교의 최전선에 나선다.

동로마는 계속되는 궁중 쿠데타로 내부가 잠잠할 날이 없었다. 가능하면 외부와 마찰을 피하고 싶었다. 그러나 이슬람은 이제 막 제국의 깃발을 올린, 용광로처럼 끓어오르는 신흥 세력이었다. 국경 분쟁이 잦았고, 언제든 전면전으로 확전할 수도 있는 상황이었다. 이런 긴박한 전선에 그가 특사로 투입된 것이다. 그런데 그가 동로마의 바람대로 전쟁이 아닌 외교로 위기를 꾸역꾸역 봉합하는 데 예상 밖의 실력을 발휘했다.

그래서 후대에 그가 이슬람 제국과 전쟁이 아닌 외교로 분쟁을 막는 데 비겁하고도 더러운 뒷거래가 있었다는 증언이 나온다. 당시에도 그런 소문이 끊이질 않았다. 그러나 당시 제국의 조정은 외부의 적보다 내부의 쿠데타에 더 신경을 곤두세워야 할 상황이었다. 이슬람과 협상 과정에서 저지른 그의 비리에 눈을 부라릴 여유가 없었다. 전쟁을 막은 그에게 그저 감사하고 의존해야 했다.

제국은 그를 아예 동부전선을 지키는 아나톨리콘 테마(군이 해석하면 관구, 管區) 사령관에 임명한다. 그렇게 레온 3세는 북부 국경 지역 불가리아의 양치기에서 제국의 최대 화력인 아나톨리콘 테마 사령관이 되었다. 그에게 두 번째 별이 떨어졌다.

콘스탄티노플의 정객들은 양치기 출신에 역관이었던 레온 3세가 테마 사령관이 되었다고 설마 쿠데타를 일으키겠느냐는 판단으로 그에게 제국의 최대 군사 조직을 넘겼다. 레온 3세 역시 쿠데타라는 단어가 그의 머릿속에 들어올 수 있는 단어가 아니라는 점을 누구보다 잘 알고 있었다. 자신을 냉정하게 판단할 줄 아는 것이 또 그의 장점이기도 했다.

그는 잘 안다. 자신이 쿠데타로 또다시 폐위당한 유스티니아누스 2세의 사람으로 정계에 입문한, 이른바 정가 폐족으로 분류된다는 사실을. 거기다 이슬람과 협상 과정에 불

투명한 거래로 뒷말이 무성했고, 그 과정에서 개인 비리에 대한 의혹까지 꼬리가 달린, 뒤가 구리고, 닳고 닳은 부패 관료 정도로 평가된다는 사실을. 그래서 스스로도 이 정도에 만족, 아니 감사하며 공직을 무탈하게 오래오래 버텨 부를 축적하고 싶은 생각뿐이었다.

그런 그에게 예기치 않은 별이 다시 떨어지기 시작한다. 이웃 옵시키온 테마 사령관이 쿠데타를 일으켜 황제를 몰아내고 조세 징수관을 황제에 옹립한다. 콘스탄티노플 시민들은 새로운 황제를 인정하지 않았다. 황제에 추대된 그 역시 제위를 원하지 않았다. 쿠데타군에 의해 황제에 추대되자 화들짝 놀라 도망가다 잡혀 와서 제위에 올랐다.

수도 콘스탄티노플 정가는 이 어정쩡한 상황이 불안했다. 동로마의 원로원도, 콘스탄티노플 시민들도 심지어 쿠데타의 주동 세력들도 이 상황이 오래갈 수 없다는 데 동의했다. 쿠데타는 성공했지만, 정권을 완전히 장악하지 못해 모든 것이 어정쩡하고 찜찜한 상황, 그래서 이 쿠데타를 인정할 수 없던 콘스탄티노플 정가는 대안을 찾기 시작했다.

자연스럽게 콘스탄티노플의 눈길은 동로마 최고의 화력, 아나톨리콘 테마 사령관인 레온 3세에게 쏠렸다. 그 역시 처음에는 무척 낯설고 당황스러웠을 것이다. '내가? 왜?'

그러나 결국 그가 움직인다. 그는 옵시키온 테마 군의 쿠데타 루트를 따라 수도 콘스탄티노플을 포위한다. 그러나 그들처럼 공성전을 시도하지 않는다. 대신 콘스탄티노플 총대주교와 원로원과 비밀리에 협상을 진행한다. 그리고 그는 성벽에 피 한 방울 묻히지 않고 콘스탄티노플로 입성한다.

그는 민심을 읽고, 여론을 움직여 먼저 분위기를 만든 후 뜻을 이루는 스타일이다. 그러나 이번에는 여론과 분위기에 떠밀려 상상조차 해보지 못한 일을 저질렀다. 그럼에도 레온 3세답게 잘 마무리한 쿠데타였다. 어쩌면 기록과 달리 그가 군대를 움직이기 전에 먼저 콘스탄티노플 정가와 협상을 끝마쳤을지도 모른다. 또 그게 레온 3세답다.

레온 3세의 위험한 도박

레온 3세의 천운은 황제에 오르는 것으로 끝나지 않았다. 집권하자마자 3개월 만에 이슬람 제국의 침공을 받는다. 이슬람 제국은 12만 명의 병력과 2,500여 척의 함선을 이끌고 콘스탄티노플을 포위한다. 동로마는 나가 싸울 엄두도 못 내고 콘스탄티노플 성안으로 들어가 문을 꼭꼭 걸어 잠근 채 만 1년을 버틴다.

결국 추위와 배고픔을 견디지 못한 이슬람 군대는 제풀에 지쳐 포위를 풀고 철수한다. 그때 마침 산토리니섬에서 화산이 폭발한다. 철수하던 이슬람 함선은 에게해에 수장되고 십 수만 명의 병사가 한꺼번에 목숨을 잃는 대참변이 발생한다. 이렇게 동로마는 얼떨결에 이민족 침략을 막아냈다는 명예를 얻는다. 그런데 자연재해로 그저 얻은 이 명예는 다시 동방 이민족으로부터 로마 제국을 지켜낸, 이단으로부터 그리스도교를 수호해낸 위대한 로마 황제라는 권위를 레온 3세에게 안겨준다.

비로소 레온 3세는 자신이 동로마 황제임을 인식한다. 얼떨결에 쿠데타로 황제의 자리에 올랐을 때만 해도 막막했다. 콘스탄티노플의 노회한 정객들과 상호 역관계를 고려하여 권력을 배분하느라 어수선했다. 이건 황제가 아니라 이슬람 세력과 더러운 거래를 하던 지난날 자신의 모습과 다름없었다. 그러다 전쟁을 맞았고, 또 얼떨결에 전쟁을 승리로 끝냈다. 그러나 전쟁 전과 후의 상황은 완전히 달라졌다. 그에게 마침내 황제의 권위가 쥐어졌다. 이제 원로원 세력과 권력을 어떻게 배분할 것인가가 아니라 자신에게 주어진 황제의 권력을 어떻게 행사할 것인가를 고민하게 되었다.

그때 레온 3세는 조심스럽게 감추어 둔 카드를 만지작거리기 시작한다. 원래 권력이란 애초에 없던 사명감까지 소환한다. 처음에는 부끄러워 감추어두고 만지작거리던 불씨가 어느새 가슴을 불 지른다. 불은 강철을 단련하듯 그에게 확신을 심어준다. 불덩이가 자신을 휘감기 시작하면 사명감에 들떠 권력은 춤을 춘다. 이미 그 출발은 잊었고, 남은 건 수단뿐이다. 그러나 레온 3세가 꺼내 든 카드는 하필 한 시대를 태우고도 남을 만큼 화력이 센 바로 성상聖像 파괴령이었다.

레온 3세가 왜 그 시점에 성상 파괴령을 카드로 꺼내 들었는지는 지금까지도 그 주장이 분분하다. 그가 시리아계 출신이고, 그 지역을 방위하는 아나톨리콘 테마 사령관 출신이라는 점에 주목하는 주장이 많다.

그 지역이 바로 우상 숭배를 반대하는 단성론의 거점지역일 뿐 아니라 그 인근 유대교와 이슬람교의 영향을 받았다는 것이다. 그래서 그 역시 단성론에 우호적인 영향을 받아 성상 파괴령을 지시했다는 주장이다. 나름 설득력이 있는 주장이다. 사람은 누구나 환경의 영향을 받기 마련이니까. 그러나 그가 개인이 아니라 제국의 황제라면 소싯적 경험으로 섣불리 판단하지는 않았을 것이다. 자리는 사람을 앞뒤, 주변을 둘러보게 하니까.

성 화상聖畵像 숭배는 초기 그리스도교에서 우상 숭배로 금지했다. 그러나 4세기 들어 게르만족과 훈족의 침략으로 피폐해진 민심에 파고들며 대중들 사이에 급속도로 유행했다. 7세기에 이르러서는 거의 맹신하는 수준에 이르렀다. 또 교회들이 야만적인 이교도, 게르만족을 개종할 때 형상을 갖춘 성상을 유력한 전도 수단으로 활용했다. 그 과정에서 그들은 이것을 우상 숭배라고 생각하지 않았다. 그래서 황제에 오른 레온 3세도 이슬람 제국이 침략했을 때 동로마 제국을 지켜달라고 그리스도교 상징물을 넣은 화폐를 발행하기도 했다.

또 우상 숭배를 반대하는 단성론單性論과 수 세기에 걸친 교리 논쟁을 통해 로마 교황청은 칼케톤 공의회에서 모든 단성론의 주장을 이단으로 단죄하며, 양성론兩性論을 정통 교리로 재확인했다. 즉, 로마 교황청은 물론 콘스탄티노플 총대주교도 양성론을 정통으로 인정하고 있었다. 로마는 물론 콘스탄티노플의 시민들도 마찬가지였다.

이렇게 대중적으로도 성상 숭배가 보편화되고, 교리 논쟁에서도 이미 승부가 난 단성론을 시리아계 양치기에서 동로마 황제에 오른 그가 굳이 다시 꺼내 들어 성상 파괴령을 내렸다고 보기는 어렵지 않을까?

더욱이 레온 3세는 사고가 재지만 가볍지 않다. 대세를 거스르는 선택을 좀체 하지 않는다. 나름 신중한 사람이다. 그래서 극단적인 선택을 좋아하지 않는다. 전형적인 실용주의자 스타일이다. 거기다 그는 유스티니아누스 2세 밑에서 정치를 배웠다. 유스티니아누스 2세가 교황과의 전쟁에서 어떻게 두 번씩이나 뒤통수를 맞았는지 바로 옆에서 지켜보았다. 그가 성상 파괴령을 내리는 순간 로마 교황과 전쟁은 물론 내부에 있는 친로마 세력들과도 보이지 않는 권력투쟁을 동시에 치러야 한다는 것쯤은 이미 체득하여 알고 있었다.

따라서 그가 성상 파괴령이라는 카드를 만지작거리는 것은 그의 출신지라든가, 그의 종교적 성향 같은 지극히 개인적이고 낭만적인 충동에서 선택하지는 않았을 것이다. 그러면? 이 모든 것을 고려하고 감수하면서도 그가 위험한 도박을 저울질하는 것은 그가 동로마 황제라는 사실을 뒤늦

게 자각하고 그래서 샘솟은 새로운 사명감 때문이 아닐까
싶다.

레온 3세의 계산법

얼떨결에 쿠데타를 일으키고, 얼떨결에 황제에 오르고, 또 얼떨결에 이슬람 제국의 침략을 막아내고, 그래서 마침내 그리스도교를 지켜낸 위대한 로마 황제의 권위를 갖게 된 레온 3세, 이제 그는 로마 제국의 부활을 꿈꾼다.

그는 스스로 제국의 초석을 놓겠다고 다짐한다. 앞서 로마 제국의 부활을 꿈꾼 황제들을 복기한다. 가까이 유스티니아누스 대제를 떠올린다. 유스티니아누스 대제가 로마 제국의 부활을 내세우면서 제일 먼저 시작한 것이 정복이었다. 그 목적은 금고를 채우는 것이었다. 그러나 역병이 돌아 전리품도 챙기지 못하고 제국은 도리어 엄청난 재정 적자에 빠졌다.

이후 황제들은 제국의 재정을 위해 민심의 이반을 감수하면서까지 중과세와 긴축을 밀어붙여야 했다. 그 결과는 계속되는 쿠데타로 정국의 불안이 이어졌고, 황제들은 항상 쿠데타의 위협 속에 살아야 했다. '그래!' 레온 3세는 결심한다. 바로 이 구조적인 문제를 자신이 해결하겠다고.

그러나 레온 3세는 유스티니아누스 대제처럼 정복을 통해 세수를 확보하기는 어렵다는 걸 안다. 동방은 이슬람 제국이 왕조만 바뀌었을 뿐 여전히 기세등등하다. 북방에는 불가르족이 발칸반도까지 밀고 내려와 왕국을 이루었고, 또 이슬람 전쟁 때 동로마 편에 선 동맹국이다. 서유럽은 프랑크 왕국이 프랑스 일대에 대한 지배력을 확대하고 있다. 그 아래로 롬바르디아 왕국도 교황청을 압박하며 이탈리아의 통일을 꾀하는 상황이다. 동서남북 모두 정복은 답이 아니다. 더욱이 레온 3세는 전쟁과 정복으로 문제를 해결하는 스타일도 아니다.

결국 눈을 안으로 돌린다. 레온 3세는 당시로서는 쉽지 않은 인구조사와 토지조사까지 마무리 짓고, 테마의 조세 규정도 새로 정비하며 세수 확보에 먼저 노력했다. 그런데 그의 이런 마른행주 짜기식 노력에 성역이 숨어있었다. 교회와 수도원이었다.

교회와 수도원은 성 화상 판매로 수입을 늘리고, 그 자금으로 많은 토지를 사들여 부를 축적하고 있었다. 그런데 교회와 수도원은 면세 구역이었다. 그동안 여러 차례 세금 부과를 검토했지만, 그때마다 교황이 직접 나서서 대놓고 반대했다. 더욱이 수도승에 대해서는 면역 혜택이 있는데, 수도원은 노동력 확보를 위해 10세 이하 소년들까지 수도승으로 받아들이고 있었다. 이것은 제국의 노동시장에도 장애이지만, 군역 확보에도 큰 골칫거리였다.

레온 3세는 중요한 선택의 기로에 선다. 그의 스타일상 교황과 교회 측의 다양한 통로로 사전에 협상을 벌였을 것이다. 그러나 교회 측은 완강했다. 로마 교황은 베드로 이래 신으로부터 부여받은 신의 사자使者다. 속세의 어느 누구로부터 간섭받을 수 있는 위치에 서 있지 않다. 특히 이 조세 문제는 협상의 대상이 아니다. 교회의 재산은 곧 신의 것으로, 세속의 과세 대상이 될 수 없다는 주장을 되풀이했다.

지금도 먹히는 논리인데, 당시야 오죽했겠나.

레온 3세도 결단의 시점이 다가오고 있음을 느낀다. 언젠가·한번은 털고 가야 할 일이다. 로마 제국을 부활하기 위해서는 먼저 교회와의 관계를 확실히 정리할 필요가 있다. 그리스도교를 로마가 국교화한 지 300년이 채 안 된다. 그런데 교황과 교회의 영향력은 이제 황제의 권위를 위협하고 있다. 이번 기회에 황제와 교황의 관계도 확실하게 정리할 필요가 있다. 레온 3세는 아나톨리콘 테마 사령관으로 재직하면서 소아시아 지역의 제정일치 군주제를 눈여겨보며 솔깃했고, 그래서 벤치마킹해 두었는지도 모른다.

이제 구체적인 방법론이다. 어떻게 하면 교황과 교회를 황제의 휘하에 확실하게 묶어둘 수 있을까? 사실 유스티니아누스 대제 이후 로마 교황은 동로마 황제가 임명하고, 그래서 그리스인들이었다. 그런데 로마 교황으로 부임하는 순간 '로마법'을 따른다. 왜 그럴까? 로마 교황이 갖는 권위와 권력 때문이다. 권위는 베드로로부터 나오지만, 권력은 어디에서 나오는 걸까?

레온 3세는 그것을 돈으로 보았다. 교회와 수도원에서 올라오는 엄청난 재원, 이것을 기반으로 권력을 행사한다고 판단했다. 타깃은 그 돈의 출처이고, 그 돈줄을 죄는 것이야말로 교황의 목을 확실히 움켜잡는 것이다. 즉, 타깃은 교회와 수도원이고, 그곳의 성상 판매를 금지하는 것이 목줄을 죄는 최선이라고 확신한다.

레온 3세는 결심한다. 그러나 그는 바로 행동에 옮기지 않고 상황을 연출하기 시작한다. 그것이 또 그의 스타일이다. 그는 먼저 이데올로기 투쟁에서 우위를 선점하고자 한다. '성상 숭배는 곧 우상 숭배'라고 주장하는 단성론과 주교들을 선동한다. 다행히 동로마 제국의 영토에서 활동하고 있는 많은 주교들이 단성론을 지지하고 있었다. 그들을 통해 그리스도교 최고 율령의 권위를 인용하며 성상 숭배를 우상 숭배로 연결한다.

그리고 현실적인 문제, 내부 지배층의 사전 단도리도 놓치지 않는다. 대농장주인 귀족들에게 그들의 재산을 보호해주는 대신 자신의 편에 서도록 협상을 마무리한다. 이 전쟁은 쉽지 않다. 과거 유스티니아누스 2세의 경험을 보더라도 전쟁은 멀리 로마와 하는데, 정작 등에 칼을 꽂는 것은 내부라는 것도 알고 있다. 어릴 때부터 그는 매일 아침저녁으로 500마리가 넘는 양의 수를 세는 꼼꼼함과 치밀함이 몸에 밴 사람이다. 내부의 쿠데타 요인을 몇 번이고 되새김하며 확인한다. 그리고 결정적인 시기를 기다린다. 그러나 그 시간은 오래 걸리지 않았다.

동서 교회의 분열

726년 에게해에서 해저 화산 폭발이 일어난다. 이로 인해 해일이 발생하고, 많은 사람이 목숨을 잃는다. 자연 재앙이다. 레온 3세는 이 자연 재앙도 허투루 넘기지 않는다. 바로 우상을 숭배하는 제국에 대한 하나님의 심판이라고 해석한다. 그리고 바로 소피아 대성당의 입구에 있는 칼케 대문의 그리스도 대형 성화를 파괴하라고 명령한다.

그러자 시민들이 나서서 성화를 파괴하는 감독관을 죽이고 폭동을 일으킨다. 일부 지역 군대에서 반란이 일어난다. 그들은 성상 파괴야말로 신성 모독이라고 주장한다. 로마 교황 그레고리오 2세도 레온 3세의 성상 파괴 명령에 즉각 반발한다. 그는 라벤나 시민들에게 무장봉기에 나서도록 선동한다. 라벤나 시민들은 교황의 지원을 받으며 봉기를 일으켜 총독을 살해하고 독립을 선언한다. 무장봉기와 독립

선언은 여러 지역으로 확산한다.

이미 사전 복기를 수 차례 반복한 레온 3세가 예상하지 못한 상황은 아니었다. 그는 기다렸다는 듯이 바로 군대를 파견해 라벤나 일대의 반란을 진압한다. 많은 사람은 제국의 군대가 바로 로마로 진군하여 교황을 체포할 것이라고 예상할 때 레온 3세는 교황에게 협상을 제안한다. 그가 모든 성상을 파괴한 것이 아니라 상징적으로 칼케 대문의 성상만 파괴하라고 명령한 것은 교황과 협상의 여지를 두기 위한 나름 배려였다. 그는 이번 칼케 대문의 성상 파괴로 일단 수도원과 교회에 대한 조세권만 확보할 수 있다면 교황과 더 이상 확전하는 것을 원하지 않았다.

그러나 로마 교황은 물론 콘스탄티노플 총대주교까지 반발한다. 교황이 레온 3세의 의도를 간파하지 못했을 리 없다. 교회와 수도원에 대한 조세권은 절대 양보할 수 없다는 것이다. 그러나 교황이 차선책을 찾지도 않고 협상을 깬 것은 실수가 아니라면 자만이다. 레온 3세와 같은 스타일은 적어도 '도 아니면 모' 식이 아니라 두 단계 이상의 스텝을 갖

성상 파괴를 홍보하는 삽화

고 움직인다. 상대방이 협상을 깨면 바로 다음 단계로 넘어간다. 그리고 거기에는 무력 행사도 당연히 포함되어 있다.

협상이 결렬되자 레온 3세는 바로 콘스탄티노플 총대주교를 교체한다. 먼저 내부의 적부터 정리하는 그만의 습관. 그리고 마침내 준비한 카드, 성상 파괴령을 내린다. 이 칙령에 따라 교회와 수도원에 있는 모든 성상과 성물을 파괴하고, 성상을 간직하고 있는 모든 사람에 대해 체포령을 내린다.

어떻게 보면 이번 교황과 황제의 대립은 칼케 대문의 성상 하나로 끝날 수 있었다. 레온 3세도 바랐고, 적당한 선에서 협상할 여지도 충분했다. 그랬다면 성상 파괴령은 레온 3세도, 그레고리오 2세도 아닌 후대에 일어날 사건으로 넘길 수 있었다. 그러나 역사는 루비콘 강을 건너고 있었다. 이런 결정적인 순간에 교황이 지나치게 경직되지 않았나 싶다.

교황 그레고리오 2세가 성상 금지 칙령을 공개적으로 비난한다. 그러자 레온 3세는 마침내 함선을 보내 교황을 체포하라고 명령한다. 교황은 동로마 군대가 로마에 도착하기 직전에 선종한다. 정말 우연이다. 암살에 대한 어떤 기록도 없다. 교황의 입장에서 어쩌면 못 볼 꼴을 보지 않은 다행스러운 자연사일 수 있다.

후임으로 교황에 오른 이가 그레고리오 3세다. 그는 로마인이었던 전임 그레고리오 2세와 달리 시리아계 출신이다. 그러나 그 역시 로마 교황에 오르자마자 전임 교황의 이름을 따고, '로마법'을 따른다. 사실 교황에게 출신 지역이 무슨 의미가 있겠나?

레온 3세가 그런 교황을 인정할 리 없다. 이제 그는 미리 준비해둔 시나리오대로 다음 단계를 하나하나 밟아나갈 뿐이다. 먼저 시칠리아와 이탈리아 남부에 있는 교회와 수도원의 재산을 몰수한다. 그레고리오 3세도 지지 않고 공의회를 소집하여 '성상에 손을 대는 자는 파문에 처할 것'이라고 응수한다.

그러자 레온 3세는 마침내 마지막 카드를 꺼내 든다. 시칠리아와 이탈리아 남부에 이어 발칸 지역의 교구까지 모두 로마 교황청에서 콘스탄티노플 총대주교의 관할로 옮겨버린다. 그래서 콘스탄티노플 총대주교를 새로운 중심으로 세우고, 제국 내 모든 수도원과 교회의 재산을 몰수하여 제국교회를 선언하였다. 현실은 그의 시나리오대로 착착 진행됐지만, 불행하게도 그 역시 썩 내키지 않았던 마지막 카드까지 꺼내 든 것이다.

레온 3세도 이런 현실이 만족스럽지 않았겠지만, 그렇다고 동서 진영의 분리를 실패로 보지도 않았을 것이다. 그는 동서 로마의 질긴 인연에 대해 부채가 있는 사람이 아니었다. 어쩌면 골치 아픈 서로마를 떼 내는 것이 시원섭섭한 정도였을지 모른다. 당시만 해도 정치적 중심은 어쨌든 동로마고, 콘스탄티노플이었으니까.

과거의 역사가 현재의 현실에 질척거리고 발목을 잡는다면 미련 없이 버릴 수 있는 사람이 레온 3세다. 그는 그렇게 생각하는 지극히 실용적인 인물이다. 원래 이념적인 인물이 생각이 복잡하지, 실용적인 인물은 생각보다 훨씬 단순하다. 그에게 역사니, 이데올로기니 하는 관념은 거추장스러운 장식품 정도에 불과하다.

그레고리오 3세 역시 이런 결과에 대해 만족스럽지 않았겠지만, 그렇다고 달리 선택할 여지가 없었다고 생각할 것이다. 교회와 수도원에 대한 조세권은 종교적 이유뿐만 아니라 현실적 계산으로도 받아들일 수 없었다. 다만 레온 3세의 신속하고도 발 빠른 대응에 적이 놀랐을 것이다. 그것이 그의 준비된 시나리오라고까지 생각하지는 못했을 테니까. 그로서는 레온 3세의 대응이 가히 위협적이라 수세적으로 대응했을 뿐이라고 변명하고 싶을 것이다.

동로마 황제 레온 3세와 교황 그레고리오 3세는 작금의 현실이 만족스럽지 못하나, 자신들로서는 어쩔 수 없었다고 둘 다 혀를 차며 그 책임을 상대편에 돌리는 걸로 마무리 지었다. 절대 권위에 의지하여 꽉 막힌 아집과 현실적인 이해를 위해 너무나도 가벼운 실용적 판단이 역사를 전혀 다른 길로 접어들게 했다. 거기에는 이후 1,500여 년 넘게 분열로 이어지는 동서 유럽의 시간과 공간에 대한 고려를 전혀 찾아볼 수 없다.

정리하자면, 오늘날 동서 교회의 분열 나아가 동서 유럽의 결이 다른 역사는 레온 3세의 성상 파괴령으로 촉발되었다. 그러나 성상 파괴령은 수 세기 이어온 교리 논쟁에서 비롯된 것이 아니다. 레온 3세의 개인적인 출신 배경에서 돌출된 이슈도 아니다. 당시 불안정한 동로마 황제의 구조적 문제를 해결하기 위해 선택한 하나의 카드였을 뿐이다. 또한 칼케 대문의 성상 파괴라는 이벤트가 이렇게 극단으로 확전한 것 역시 당시 황제와 교황, 두 사람의 정치력과 상상력의 한계에서 비롯되었다는 생각이다.

― 첫 번째 질문 ―

명분과 실리가 항상 상충하지는 않는다.

그러나 그놈의 가오 때문에

굴러온 기회를 놓치는 리더가 있다.

결정적인 순간에 실리도 못 챙기고

명분마저 잃어버리는 대인배가 그들이다.

그래서

대인배는 은근슬쩍 뒤를 챙겨주면서도

앞서 미리미리 가오까지 세워주는 책사가 필요하다.

세상에는

그런 책사들을 만나지 못해 이무기로 끝난 대인배,

대인배 행세하다 사지가 찢어진 이무기들이 한 가득이다.

그들이 끝내 승천하지 못한 것도

다 넘쳐나서 부족한 까닭이다.

서유럽의 시작, 프랑크 왕국의 삼대(三代)

동로마 황제와 로마 교황의 파워 게임은 성상 파괴령 이후에도 계속 이어진다. 앞서 살펴본 대로 이 공방의 이면은 세속적 지도자인 황제와 영적 지도자인 교황, 중세의 두 지도자 사이에 속세의 이권을 두고 벌인 권력투쟁이었다.

황제는 수도원과 교회의 재산을 압류하여 제국의 재정을 확보하려는 의도가 있었고, 황제의 안정적인 지배 구조를 구축하려는 계획이 있었으며, 로마 제국을 부활하려는 꿈이 있었다. 교황 또한 성상 파괴에 대한 반발은 교회의 재정적 기반을 뺏기지 않으려는 저항이었고, 황제의 교황에 대한 임명과 간섭에 대한 반발이었으며, 이 기회에 교황과 황제의 관계를 분명히 하겠다는 의지였다. 신은 명분이었을 뿐, 사실은 돈이었다. 한마디로 속세의 이권 투쟁 다름 아니었다.

그러나 그로 인해 교황에게 새로운 과제가 생겼다. 독립에는 책임이 따르는 법, 동로마의 정치적 보호가 때로 불편하고 때로 자존심 상했지만, 교황청의 뒷배가 되어주고, 방패막이가 되어주었다. 그러나 성상 파괴령으로 시작된 동로마와 대립은 교황에게 홀로서기를 요구했다.

사실 서로마가 소리 소문 없이 사라진 직후부터 교황들은 그 뒤가 서늘함을 느꼈다. 그때부터 이 과제가 부각되었다. 그런데 레온 3세의 성상 파괴령 이후 동로마와 관계까지 껄끄러워지면서 이 과제는 중차대한 과제가 되었고, 그 공백을 노리고 롬바르디아 왕국이 이탈리아 중부를 노골적으로 치고 들어오면서 교황청을 압박하자 발등의 불부터 꺼야 할 시급한 과제로 떠올랐다. 이때 교황의 눈에 들어온 새로운 파트너가 바로 프랑크 왕국이었다.

그놈의 가오 때문에 제관을 놓친, 1대 카롤루스 마르텔

프랑크 왕국은 서로마 제국이 멸망하면서 오늘날 프랑스 일대에 자리를 잡은 게르만족이 세운 연맹 국가다. 다른 게르만족이 그리스도교를 받아들이면서도 교황청에서 이단으로 선언한 아리우스파를 택한 데 반해, 프랑크 왕국은 처음부터 로마 교황청의 정통 교리를 받아들인 유일한 나라다. 당시 실세는 716년에 쿠데타로 궁재(宮宰, 원래 직위는 궁정 비서실장이나 실제는 재상에 해당)에 오른 카롤루스 마르텔이다.

마르텔은 프랑크 왕국의 궁재였던 피핀 2세의 서자였다. 그래서 애초에 궁재가 될 수 없었다. 궁재가 자식에게 상속되는 직위는 아니지만, 관행적으로 적자에게 물려주었다. 피핀 2세는 적자들이 모두 일찍 죽었지만, 서자인 마르텔에게 궁재의 직위를 넘기지 않았다. 10세에 불과한 어린 적

손자에게 궁재를 물려주고, 본처에게 섭정을 맡긴다는 유언을 남겼다. 마르텔은 분개했다. 어머니가 노예 출신이라는 이유로 자신을 가문의 일원으로 인정하지 않은 것이다.

섭정을 맡은 피핀 2세의 처는 나이 어린 손자에게 잠재적 위협이 될 이복 아들인 마르텔을 사전 정리한답시고 바로 체포하여 구금했다. 카롤루스 마르텔은 당시로선 매우 큰 키에 우람한 체구였으며, 은빛 머리를 두 갈래로 따서 양어깨로 늘어뜨렸고, 검붉은 얼굴에 텁수룩하게 자란 긴 수염이 하관을 감싸고 있어 보는 이를 압도할 만큼 강한 카리스마가 뿜어져 나왔다. 더욱이 그의 거침 없는 성격 때문에 따르는 자가 많은 전형적인 보스 스타일인데, 강한 권력욕까지 숨기지 않아 가히 주변의 경계를 살 만했다.

결국 마르텔은 감옥에서 탈출하여 쿠데타를 일으켜 정권을 탈취하고 스스로 궁재에 올랐다. 어린 궁재와 피핀의 처는 처음부터 마르텔의 경쟁 상대가 되지 못했다. 사실 마르텔이 쿠데타를 일으키지 않았더라도 궁재 자리를 노리는 다른 귀족들의 도전을 감당하기 어려운 애송이에 불과했다.

카롤루스 마르텔

정권을 잡은 마르텔은 안으로 피핀 2세의 추종 세력과 밖으로 프랑크의 다른 귀족들과 내전을 치르며 권력을 장악해갔다.

그러자 프랑크 왕국의 정세를 눈여겨 보아오던 교황 그레고리오 3세가 마르텔에게 비밀리에 특사를 파견했다. 당시 교황청은 동로마 황제 레온 3세가 이탈리아 남부의 교회와 수도원의 재산을 몰수하고, 발칸반도의 교회와 수도원까지 콘스탄티노플 총대주교 관할로 옮기면서 엄청난 재정 압박에 시달리고 있었다. 여기에 롬바르디아 왕국까지 이탈리아 중부의 정치적 지배권을 공공연히 주장하며 집적대고 있었다.

　'그래, 이제 교황청의 새로운 스폰서는 프랑크 왕국의 마르텔이야!'

카롤루스 마르텔도 로마 교황의 권위가 필요했다. 프랑크 왕국은 공국 연맹체로, 각 지역을 귀족들이 자치적으로 분할 통치하고 있었다. 그들은 쿠데타로 궁재에 오른 마르텔의 리더십을 여전히 인정하지 않았다. 다만 무력에 밀려 지켜볼 뿐이었다. 마르텔 또한 귀족들의 그런 속내를 모를 리 없었다. 그래서 로마 교황청의 정통 교리를 신봉하는 프랑크 백성들로부터 지지를 얻어내기 위해 교황이 필요했다.

더욱이 마르텔은 이미 실권자이자 궁재였다. 스스로 왕위에 오르고 싶은 야망이 없지 않았다. 단지 그 시기와 명분을 노리며 속내를 감추고 있을 뿐이었다. 그 성격상 그런 속내를 오래 감추기도 어려웠을 것이다. 그런데 교황이 먼저 손을 내민 것이다. 그 역시 교황의 처지를 모르는 바가 아닌 터라, 그의 제안이 어쩌면 자신의 야망을 실현할 수 있는 기회라고 판단했을 것이다.

'그래, 나의 꿈을 실현해줄 구원자는 바로 교황이야!'

이렇게 서로의 이해가 맞아떨어진 두 사람의 밀실 협상은 속도를 내고 있었는데, 의미 있는 결론을 내리기 바로 직전에 중단된다. 732년 이슬람 제국이 쳐들어온 것이다. 소아시아의 이슬람 제국이 유럽 대륙으로 진출하기 위해 717년 동로마 제국을 침공했다가 실패하자 이번에는 멀리 돌아 이베리아 반도를 거쳐 피레네 산맥을 넘어 바로 프랑크 왕국으로 쳐들어온 것이다.

궁재 카롤루스 마르텔은 프랑크 왕국 내 전 공국에 총동원령을 내리고, 같은 게르만족인 이웃 롬바르디아 왕국에도 지원을 요청했다. 그렇게 꾸린 연합군을 직접 이끌고 푸아티에 평원으로 나가 이슬람 군대와 마주했다. 이 전투를 역사는 투르-푸아티에 전투라고 기록하고 있다. 그리고 앞서 소개한 레온 3세의 717년 제4차 콘스탄티노플 공성전과 함께 동방의 이슬람 세력으로부터 서방의 그리스도교를 지켜낸 역사적 전쟁으로 평가한다.

이 전쟁을 승리로 이끌면서 카롤루스 마르텔의 정치적 입지는 확고하게 다져진다. 레온 3세가 이슬람 전쟁을 어쩌다 승리로 마무리하면서 동로마 황제의 권위를 얻은 경우와 마찬가지였다. 더욱이 마르텔은 레온 3세와 달리 성안에 들어가 버티기만 한 것이 아니라, 당당히 평원에 나가 전투를 진두지휘해 승리로 이끌었다. 이제 공국의 제후들도 그의 리더십을 인정하지 않을 수 없게 되었다. 이 전쟁의 결과로 마르텔의 위상은 전쟁 전과 확연히 달라졌다. 그의 생각도 달라졌다. 프랑크 백성들의 지지를 얻기 위해 굳이 교황의 권위까지 끌어올 필요가 없어졌다.

전쟁이 끝나자 다급해진 교황 그레고리오 3세가 다시 사람을 보낸다. 교황의 친서를 받아든 마르텔은 그제서야 기억을 떠올린다. '아, 그래. 프랑크 왕위!' 전쟁 통에 잠시 잊고 있었다. 그러나 그의 생각이 복잡해졌다. 주저한다. 귀족들도, 백성들도 자신을 보는 눈이 전쟁 전과 분명히 달라졌다. 그가 왕위에 오른다고 해도 반대하지 못할 것이다. 이제 교황의 권위를 빌려 대관식만 올리면 그만이다. 그런데, 그런데 그의 발목을 잡는 것이 생겼다. 이슬람과 전쟁을 위해 롬바르디아 왕국의 지원을 받았다. 교황의 요구를 다 들어줄 수 없다. 롬바르디아를 배신할 수 없다.

'그래, 가오가 있지... ㅠㅠ'

마르텔은 무거운 머리를 가로젓는다. 그의 스타일이다. 결정적인 순간에 세속적인 의리를 지키느라 실속도 못 챙기고 대의와 명분을 다 날려버리는 대인배 스타일. 그의 한계다. 만일 레온 3세였다면? 아마 슬그머니 제위에 올랐을 것이다. 두 사람의 차이다. 세속적 명예와 역사적 평가를 떠나 실용적인 스타일과 대인배 스타일이 욕망을 앞에 두고 선택하는 방식의 차이다. 어쩔 수 없다.

카롤루스 마르텔은 교황 그레고리오 3세가 내민 손길에 쓸쓸레 고개를 가로젓는다. 결국 교황도 그에게 부여된 숙명적 과제를 끝내 해결하지 못하고 선종한다.

진짜든 가짜든, 2대 피핀 3세

프랑크 왕국의 카롤루스 마르텔은 중국의 조조와 닮았다. 조조 역시 환관 출신의 가문이라는 콤플렉스에서 벗어나지 못해 권력을 장악하고서도 끝내 제위에는 오르지 못했다. 결국 그 콤플렉스에서 자유로운 그의 둘째 아들 조비가 황제에 올랐다.

마르텔 역시 노예 출신의 어머니를 둔 서자 출신이라는 콤플렉스 때문에 왕이 공백이 되었을 때도 대왕代王에 머물러야 했으며, 야심만 품은 채 끝내 제위에 오르지 못하고 죽었다. 프랑크 왕국의 메로비우스 왕조를 끝내고 카롤루스 왕조를 연 자는 카롤루스 마르텔의 아들 피핀 3세였다. 그 역시 조비와 마찬가지로 장남이 아니라 둘째 아들이었다.

피핀 3세는 아버지 마르텔과 완전 달랐다. 우선 외모와 성격이 판이했다. 마르텔이 키가 크고 우람한 체구인 데 반해, 피핀 3세는 키도 작고 몸집도 왜소했다. 마르텔은 성격이 불같고 거침이 없는 데 반해, 피핀 3세는 내성적이고 음흉했다. 이처럼 부자간이면서도 판이한 외모와 성격에도 불구하고 접근 방식과 표현 방식의 차이만 있을 뿐, 권력욕에 대한 강도와 밀도는 다르지 않았다.

궁재에 오른 피핀 3세는 아버지와 달리 제위에 오를 야심을 은밀하게 그러나 집요하게 드러냈다. 아버지 마르텔은 그 덩치에 불같은 성정에도 불구하고 자신의 이해가 걸린 문제와 맞닥뜨리면 명분부터 따지고 주변의 눈치를 살피며 결정적인 순간에는 또 주저했다. 그러나 아들 피핀 3세는 오히려 그런 문제에 교묘하고 끈질기게 물고 늘어지며 기어코 결과를 만들어냈다. 명분이 아니라 실리를 추구하는 스타일의 특징이다. 눈앞에 먹이를 두고 주변을 둘러보지 않는다. 어떻게든 자신의 배를 채운다.

피핀 3세는 먼저 로마 교황 자카리아스에게 서신을 보낸다. "실력은 있는데 왕이 되지 못한 자가 왕이 되어야 합니까?

피핀 3세

아니면 왕이면서도 능력이 없는 자가 통치를 해야 합니까?"
말을 돌리는 척하지만, 사실은 직설적이다. 그런 스타일은
눈칠 줄도 모른다. 그러니 교황 자카리아스도 드디어 전임
교황 그레고리오 3세가 못 푼 과제를 해결할 기회가 왔음을
금방 눈치챘다. 노골적인 이심전심이다.

교황은 서둘러 피핀 3세의 의도대로 프랑크 왕 칼리테크 3세
를 폐위하고 피핀 3세가 왕위에 오르는 것을 신의 사자로서
신의 이름을 빌려 그 정당성을 부여한다. 피핀 3세도 교황의
권위를 업고 파리 동쪽에 있는 수아송에서 대관식을 열어 왕
위에 오른다. 조비가 천명天命을 빌려 선양이라는 형식을 통
해 헌제를 폐위하고 황제에 오른 절차와 그대로다. 다만 피
핀 3세는 천명, 하늘의 뜻이 아니라 살아있는 신의 사자, 교
황의 권위를 직접 빌려왔다는 차이만 있을 뿐이다.

로마 교황청은 마침내 동로마 제국을 대신할 든든한 후원자
를 확보했다. 자카리아스의 후임 교황인 스테파누스 2세는
여기서 한 발 더 나간다. 이 기회에 롬바르디아 왕국의 위협
으로부터 완전히 벗어나 독립적인 교황령까지 확보하기로

마음먹는다.

스테파누스 2세는 몸소 알프스산맥을 넘어 피핀 3세를 찾아가 '콘스탄티누스 기증장'을 제시한다. 이 기증장에는 동로마 황제 콘스탄티누스가 수도를 콘스탄티노플로 이전하면서 로마 교황에게 서로마 제국의 황제권을 양도한다는 내용이 적혀있다. 교황은 피핀 3세에게 속삭인다. 롬바르디아로부터 완전히 독립된 교황령을 보장해준다면 콘스탄티누스로부터 받은 서로마 황제의 제관을 당신에게 씌워주겠다고. 이제 거래는 프랑크 왕위 선양에 대한 정당성 문제를 넘어섰다.

피핀 3세는 스테파누스 2세의 이 제안이 나쁘지 않다. 이탈리아 중부의 일부만 교황령으로 떼 주면 된다. 그러면 자신은 로마 교황에 의해 '로마인의 수호자'라는 칭호를 받으며, 명실상부한 서로마 황제로 인정받는다. '와이 낫 Why not?' 피핀 3세는 스테파누스 2세의 제안을 바로 받아들인다. 그는 장남 샤를마뉴를 보내 롬바르디아 왕국을 세 차례나 원정한다. 그리고 동로마의 총독부가 있던 라벤나 지역을 교황에 기증한다. 이것이 바로 '피핀의 기증'이고, 이것이 오늘날 교황령의 기원이 된다.

몇 세기가 지나 밝혀졌지만, 당시 교황 스테파누스 2세가 들고 온 '콘스탄티누스 기증장'은 위조된 문서였다. 당연하다! 콘스탄티누스가 그리스도교를 공인할 만큼 신심이 깊은 황제였지만, 수도를 옮기면서 뜬금없이 교황에게 서로마 제국의 황제권을 넘길 리는 없다. 당시 황제와 교황의 관계를 봐도 결코 상상할 수 없는 기증이다. 상식적으로도 이해하기 힘든 거래다. 피핀 3세도 당시 그 기증서의 진위를 충분히 의심할 수 있었다. 그러나 그의 입장에서 굳이 그 진위를 따질 이유가 없었다. 실용주의자들은 이익이 된다면 그 속을 헤집어 진실을 찾는 일을 이해하지 못한다. 한마디로 '굳이!'

그러나 교황은 이 협상을 통해 교황령 확보보다 더 중요한 역사적 전환을 이루어냈다. 아니, 역사가 이루어졌다. 지금까지 동로마 황제가 교황을 임명하고 승인하는 관계였는데, 교황이 서로마 황제를 승인하는 관계로, 교황과 황제 사이의 역할 관계에 변화가 일어난 것이다.

피핀 3세는 정당성 강화 차원에서 단지 교황의 권위를 빌리려고 받아들인 형식일 뿐이었다. 스테파누스 2세는 교황령을 확보하기 위해 권위를 빌려주는 형식을 밟았을 뿐이었다. 그러나 피핀 3세의 아들, 샤를마뉴가 교황 레오 3세로부터 로마 제국의 제관을 받으면서 이 이벤트는 형식을 넘어 절차가 되고 권위를 갖기 시작했다. 이후 중세 내내 수 세기에 걸쳐 교황은 그 절차를 집전하는 세속적 권위로 신의 사자로서 권위를 대신했다. 나아가 로마 제국의 황제 대관식이라는 이벤트를 상품화하여 권위를 넘어 권력자가 되었다.

― 두 번째 질문 ―

그래서 형식이 중요하다.

누구는 구차하다고 할지 모르나,

형식이 절차가 되고 규범이 생기면,

형식은 형식으로 끝나지 않고 독자적인 콘텐츠를 갖게 된다.

그 콘텐츠가 다시 형식에 의미를 부여하는 순간,

그 형식은 권위를 갖고

권력이 된다.

조선의 예송논쟁이 그러하다.

효종이 죽자 그 어머니 조대비의 복상 기간을 갖고 다툰다.

겉으로는 1년 상으로 할 것이냐 3년 상으로 할 것이냐로 다투지만,

효종이 둘째 아들이라 장자가 아니라는 의미와

왕위를 계승했으니 장자로 예우해야 한다는 의미의 차이다.

그리고 이 의미는

왕권을 약화하고 신권을 강화하려는 서인과

신권을 누르고 왕권을 강화하려는 남인의

권력투쟁이 된다.

주면 좋고, 아님 말고,
서유럽의 시조 군주 3대 샤를마뉴

피핀 3세를 이은 샤를마뉴는 프랑스어로, '샤를 + 마뉴'다. 샤를은 라틴어로 카롤루스, 할아버지 카롤루스 마르텔과 같다. 마뉴는 위대한 대왕(마그누스, magunus)이라는 뜻으로, 유럽을 연 프랑크 왕국의 첫 대제大帝다.

그가 정복한 영토는 오늘날로 보면 남으로 롬바르디아를 정복하며 이탈리아 중부 아래까지 내려갔고, 동으로는 작센을 정복하여 러시아 서부까지 치고 들어갔으며, 동남부로는 바이에른을 정복하며 크로아티아까지 내려가 동로마와 국경을 맞댔고, 서쪽으로는 이베리아반도를 차지한 이슬람 제후국인 코르도바를 여러 차례 공격했으나 정복에 실패하여 피레네 산맥을 국경으로 하였다.

그래서 프랑스에서는 그를 샤를마뉴라고 부르지만, 독일에서는 카를 대제, 이탈리아에서는 카를로 대제라고 부른다. 프랑스와 독일 모두 그들의 시조 군주라 여기며, 또 이탈리아 왕관을 썼기 때문에 이탈리아 왕조에서도 군주로 그들의 역사에 등장한다. 그런데 굳이 오늘날의 기준으로 따져 보면 그는 네델란드인이다. 사실 아직도 논쟁 중이지만 의미가 없다. 그는 그냥 프랑크인이기 때문이다.

샤를마뉴는 아버지보다 할아버지를 닮았다. 왜소했던 아버지와 달리 할아버지를 닮아 키가 190cm로 큰 체구에 이목구비가 크고 뚜렷하며, 긴 수염과 금발 머리카락이 바람에 반짝거리며 휘날릴 때는 우리가 아는 신화 속 영웅의 모습 그대로다. 안타깝게도 목이 짧고 굵으며, 등이 좀 굽었고, 배가 튀어나온 것이 좀 깬다.

등이 굽은 것은 유전인 듯싶다. 그의 장남 피핀도 선천성 척추측만증으로 등이 굽었다. 주치의가 그렇게 고기를 삶아 먹으라고 조언했지만, 주치의를 피해 다니며 구운 고기만 즐겨한 탓에 수달 가죽으로 만든 프랑크 전통 코트 안으로 벨트를 타고 불룩 튀어나온 배가 그대로 드러난다. 그러

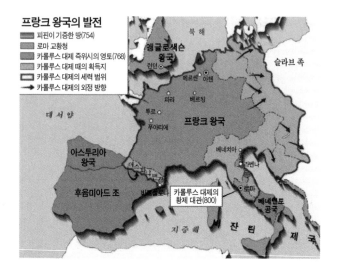

프랑크 왕국의 발전

- ▤ 피핀이 기증한 땅(754)
- ▦ 로마 교황청
- ■ 카롤루스 대제 즉위시의 영토(768)
- ▨ 카롤루스 대제 때의 획득지
- ▭ 카롤루스 대제의 세력 범위
- → 카롤루스 대제의 외정 방향

북 해

앵글로색슨 왕국

슬라브 족

런던

메르센 아헨

대 서 양

파리 베르됭

투르

푸아티에

프랑크 왕국

아스투리아 왕국

후움미아드 조

에스파냐

바르셀로나

베네치아

라벤나

카롤루스 대제의
황제 대관(800)

로마

베네벤토
공국

비 잔 틴 제 국

지 중 해

사를마뉴 영토

나 그의 트레이드마크인 파란 망토가 그 배를 살짝살짝 가려주고, 금과 은으로 장식한 칼이 그 앞을 막고 있어 그나마 위엄을 살려준다.

성격도 아버지보다 할아버지를 닮았다. 화가 나면 말을 더듬을 정도로 성격이 불같았으나, 아랫사람에게는 누구보다 인자하고 관대했다. 특히 전쟁이 끝나면 정복지의 전리품을 통 크게 나누어주어 그를 따르는 기사들이 많았다. 프랑스어 최초의 무훈시 〈롤랑의 노래〉의 조카 롤랑을 포함한 샤를마뉴의 12기사의 전설이 그런 배경에서 나온 듯싶다. 참고로 샤를마뉴의 12기사는 영국 아서왕의 '원탁의 기사'의 모델이 된다.

로마 교황 레오 3세는 유럽을 통일한 샤를마뉴의 등장으로 마침내 동로마를 대신할 강력한 후원자를 맞이하게 된 셈이다. 교황은 피핀 3세에 이어 샤를마뉴에게도 로마 제국의 제관을 씌워줄 기회를 엿보았다. 이 대관식을 통해 교황은 동로마 황제의 간섭으로부터 완전히 벗어나길 기대했다.

샤를마뉴

그러나 샤를마뉴의 생각은 좀 달랐다. 노비의 자식으로 선친의 유언을 뒤집고 쿠테타를 일으킨 할아버지와 다르고, 왕위를 탈취하고 스스로 왕이 된 아버지와도 달랐다. 교황의 권위를 굳이 빌릴 필요가 없었다. 오히려 자신을 '모든 그리스도교인의 아버지요, 지도자'라고 주장했다. 아버지에 이어 교황을 보호하긴 했지만, 자신이 교황보다 우위에 서있다고 생각했다. 사실 그는 아버지 피핀 3세가 받은 로마 황제의 제관도 그렇게 욕심이 없었다. '주면 좋고' 정도였다.

이런 상황에서 아무도 예상하지 못했던 엉뚱한 이벤트가 로마에서 일어난다. 레오 3세는 교황에 오르자마자 베드로의 열쇠를 샤를마뉴에게 바치며 충성을 서약한다. 새로운 교황의 이런 굴종적인 저자세에 불만을 품은 전 교황 세력들이 암살을 시도한다. 이에 위협을 느낀 교황은 로마를 탈출하여 샤를마뉴에게 달려가 도움을 요청한다. 샤를마뉴는 연말 구상차 남유럽으로 휴가를 떠나듯 레오 3세를 대동하고 로마로 입성하여 반대파를 제거한다. 그리고 마침 성탄절을 맞이하여 샤를마뉴는 베드로 성당에서 미사를 올린다. 로마 시민들은 샤를마뉴를 보기 위해 베드로 광장에 구름떼처럼 모여들어 샤를마뉴를 향해 '황제'를 연호한다.

이런 분위기 탓이었을까? 레오 3세는 사전 각본 없이 샤를 마뉴에게 로마 황제의 제관을 씌워주며, 카롤루스 아우구스투스라는 이름으로 로마 황제에 임명하는 절차를 진행한다. 샤를마뉴는 잠시 당황하여 움찔하며 뒤로 물러선다. 그러나 어쩔 수 없다는 듯 대관식 절차를 받아들인다. 그리고 서둘러 성당을 빠져나온다. 그리고 불같이 화를 낸다. 사전에 알지 못한 탓만 아니다. 대관식의 그 형식과 절차를 받아들일 수 없었다. 어떻게 교황이 자신을 그의 앞에 무릎을 꿇게 하고 제관을 직접 자신의 머리 위에 씌우느냐는 거다.

이 돌발 이벤트는 어떻게 된 걸까? 레오 3세의 교활한 계산으로 진행된 걸까? 교황은 황제를 임명할 어떠한 권한도 없다. 오히려 당시에는 황제가 교황을 임명하고 승인하는 관계다. 더욱이 샤를마뉴는 굳이 교황으로부터 황제의 제관을 받을 필요도 없다. 설령 받는다고 하더라도 황제 중심의 대관식이어야 한다. 교황이 황제 앞에 무릎을 꿇고 제관을 바쳐야 한다. 그런데 이런 형식은 불쾌한 것이다. 교황의 오만이자 불손이다. 그래서 샤를마뉴는 성당을 박차고 나와 아헨으로 돌아가 버린 것이다.

그러나 로마 시민들이 다 보는 앞에서 벌어진 이 대관식의 깜짝 이벤트는 하나의 형식과 절차로 자리 잡는다. 황제 대관식이라는 형식은 신의 사자로서 영적 지도자인 교황이 세속의 지도자인 황제를 승인하는 절차가 된다. 이를 통해 교황은 황제로부터 승인받고, 정책을 통제받는 관계를 뒤집은 것이다. 이를테면 교황 레오 3세의 무혈 쿠데타인 셈이다.

800년 12월 25일에 일어난 성탄절 깜짝 이벤트다. 물론 이 이벤트로 샤를마뉴와 레오 3세의 현실적 역관계가 당장 역전될 리는 없다. 그저 하나의 판례를 남긴 셈이다. 치고 빠지기. 그러나 판례는 후대에 전례로 차용된다. 그리고 정당성이 불안한 황제들에게 교황이 유혹할 수 있는 카드가 된다. 그때는 현실적 역관계도 바뀔 수 있다.

과연 레오 3세가 이런 계산까지 했을까? 아니, 이런 위험한 깜짝 이벤트를 감히 레오 3세가 벌일 수 있었을까? 여느 교황보다 앞서서 샤를마뉴에게 충성을 보이고, 샤를마뉴가 정해준 교황의 노선을 충실히 따르며 샤를마뉴의 발등에 입까지 맞춘 교황인데. 더욱이 교황청에서 쫓겨나다시피 도망 나왔다가 샤를마뉴의 군대와 함께 겨우 로마로 돌아와 교황의 자리를 되찾았는데. 그리고 한 달도 지나지 않은 시점인데. 과연 이런 도발을?

사실 이 부분에 대한 역사적 해석이 분분하다. 이 이벤트 이후 동로마에서는 이 대관식을 인정하지 않았고, 샤를마뉴를 황제로도 인정하지 않았다. 이를 빌미로 샤를마뉴가 동로마와 전쟁을 벌였고, 결국 10년간의 전쟁 끝에 로마의 황제가 아닌 서로마 황제로 인정하는 선에서 협정을 맺는다.

그래서 사실은 황제 대관식을 샤를마뉴가 원해서 사전 연출했다는 주장도 있다. 다만 형식에 대해 사전 인지하지 못해 불만을 터뜨렸을 뿐이라는 주장이다. 또 어떤 이는 레오 3세가 사실은 지독한 '교회 제국주의자'였다고 주장한다.

그래서 사전 각본도 아니고, 깜짝 이벤트도 아니라 영적으로 로마 황제인 자신이 세속의 로마 황제를 임명하는 절차를 당당히 밟았다는 주장이다. 어떤 해석이 좀 더 사실에 가까울까?

샤를마뉴의 성정상 사전 연출은 쉽지 않다. 그가 황제에 오르고 싶으면 그냥 절차를 요구하면 된다. 당시 샤를마뉴와 레오 3세의 관계가 그랬다. 그가 대관식에서 당황한 것이 사실이라면 그것은 결코 연기일 리 없다. 실제로 당황했을 것이고, 성당을 박차고 나와 화를 냈다면, 대관식이든 그 형식이든 그로 인해 정말 화가 난 것이다. 그리고 레오 3세가 독단으로 벌인 이 이벤트가 받아들일 수 있는 선을 넘었다면 샤를마뉴는 그를 용서하지 않았을 것이다. 당시 여건으로 보아 샤를마뉴가 교황을 교체하는 것은 손바닥을 뒤집는 것보다 간단한 절차였으니까.

그렇다면 진실은 무엇일까? 샤를마뉴는 대관식을 하러 로마에 간 것이 아니다. 사실은 성탄절 미사에 아들의 성유식을 하러 갔다. 그는 대관식을 사전 연출하지 않았고, 정말

몰랐다. 그런데 얼떨결에 대관식이 진행됐고, 교황이 제관을 준다는데 '굳이' 이 정도의 생각으로 따랐는데, 그 형식이 불쾌했던 것이다. 그래서 성당을 박차고 나왔다. 돌아와서 생각해보니 교황 레오 3세가 나름 충성한다고 한 이벤트라는 생각이 들어 그냥 지나쳤을 것이다. 이 상상이 샤를마뉴의 성정에 좀 더 어울리는 상황이 아닐까 싶다.

또 동로마와 전쟁 또한 명분이 샤를마뉴의 로마 황제 승인이었지만 그 이면은 좀 다르다. 서유럽을 평정한 샤를마뉴는 일찍이 여제 이레네가 통치하는 동로마에 관심을 보였다. 당시 게르만족에게는 여성 통치자라는 개념이 없었다. 샤를마뉴도 동로마 제국에 황제가 공석이라고 인식했다. 그래서 동로마를 접수할 생각으로 여제 이레네에게 먼저 청혼했다. 그런 샤를마뉴의 제안을 처음에는 이레네도, 동로마의 정가도 황당해했다. 글자를 몰라 작대기 두 개 그어 십자가를 그리는 것으로 서명을 대신하는 샤를마뉴를 동로마 황제로 받아들이긴 어려웠던 것이다.

그런데 정치적으로 수세에 몰린 이레네가 샤를마뉴의 지

원을 끌어들이기 위해 이후에 호감을 보였다. 나이가 오십이 넘은 미망인이었지만 그 미모는 여전했다. 샤를마뉴가 적극적으로 나서자 동로마 정가가 일제히 들고 일어났다. 로마인이 아닌, 게르만족에게 로마 제국의 적자인 동로마를 넘길 수 없었다. 결국 콘스탄티노플 시민들까지 봉기하여 이레네를 체포해 유배 보냈다. 그래서 전쟁이 시작된 것이다.

즉, 샤를마뉴가 로마 황제에 멋쩍지 않게 오르기 위해, 혹은 이를 인정하지 않을 동로마와 전쟁을 벌이기 위한 명분으로 성탄절 이벤트를 연출했다는 주장은 샤를마뉴의 성정과 어울리지 않는다. 연출하고 쇼를 할 스타일이 아니다. 샤를마뉴는 직선이다. 부딪히면 돌아가는 것이 아니라 부러지지 않으면 뚫고 간다. 가오 때문에 머뭇거리지도 않지만, 실리 때문에 휘어지지도 않는다.

가오 때문에 제 밥그릇 못 챙기는 리더 주변에는

실속을 챙겨주는 책사들이 모여들고

생각이 재고 몸이 바쁜 리더 뒤에는

명분을 세워줄 이데올로거들이 들어선다.

초한대전에서 전쟁의 신으로 제왕까지 오른 한신에게

괴철이 찾아와 천하 삼분론을 제안한다.

유방의 한과 항우의 초 거기에 한신의 제까지.

"하늘이 주는 기회를 취하지 않으면

나중에 벌을 받는다."고 설득하지만,

"내가 한 유방을 배신하는 것은 온당치 못하다."고 거절한다.

초한대전이 끝난 후 한신은

제왕에서 초왕으로, 다시 회음후로 강등되더니

끝내 역모죄로 몰려 목이 날아간다.

가오를 부리려면 책사의 말에 귀 기울여야 하고

내 생각이 재다 싶으면 이데올로거를 앞세워야 한다.

그래서 한신은 이무기로 끝났다.

교과서에서 배우지 못한 두 사건의 진실

교황과 황제의 시소게임에서 상징적인 두 사건이 벌어지는데, 카노사의 굴욕과 아비뇽 유수다.

1077년 신성로마제국 하인리히 4세가 이탈리아 북부 카노사 성문 앞에 3일간 무릎을 꿇고 교황 그레고리오 7세에게 파문 철회를 간구한 사건이 카노사의 굴욕이다. 황제의 굴욕이다. 아비뇽 유수는 1309년부터 약 70년 동안 7명의 교황이 프랑스 왕이 지배하는 남프랑스 아비뇽에 유폐된 사건이다. 교황의 유수다.

전자는 교황 쪽으로, 후자는 황제 쪽으로 시소가 기운 상징적 사건으로 기록되어 있다. 또 그렇게 교과서에서 배웠다. 이제 그 현장으로 찾아가 진실의 문을 열어보자.

교과서에서 배운 카노사의 굴욕

하인리히 4세는 여섯 살에 신성로마제국의 왕위에 오른다. 젊은 과부가 된 어머니가 섭정에 대신 나서지만, 정치적 경험이 전무한 터라 왕권은 빠르게 약화하였고, 아버지가 어렵게 일군 제국은 어느새 제후들에 의해 다시 갈기갈기 찢겨 나갔다. 열한 살이 되었을 때는 쾰른 제후가 그를 납치해 어머니의 섭정마저 빼앗는다. 이런 우여곡절을 다 겪은 뒤 1065년 열다섯 살이 되어서야 비로소 왕위를 되찾는다. 그러나 제국은 제후들에 의해 거북의 등이 되었다.

교황 그레고리오 7세는 이탈리아 토스카나 지방에서 대장장이의 아들로 태어났다. 어려서 공부하기 위해 로마의 수도원에 들어가 훗날 교황이 되는 그레고리오 6세를 시봉했다. 이후 대립 교황과의 전쟁에서 노르만족 기사들을 직접 이끌고 참전해 큰 공을 세우며 교황청의 실세에 오른다.

그레고리오 7세

1073년 전임 교황의 장례미사에서 군중들에 의해 교황으로 제청받아 추기경들에 의해 교황으로 선출된다. 사전에 치밀하게 기획되지 않으면, 우연히 일어나기 힘든, 이 전례 없는 프로세스를 거쳐 기어코 교황에 오른다.

이 두 권력자, 하인리히 4세와 그레고리오 7세가 마침내 충돌하였다. 그레고리오 7세는 교황에 오르기 전부터 교회 개혁을 모토로 내걸었다. 교황이 된 후 첫 발표가 성직자들에게 성직매매를 금지하고, 독신생활을 요구하며 이를 어길 시 파문하겠다는 선언이었다. 이 선언은 당시 부패하고 타락한 성직자들에 대한 경고이고, 교회의 자기 혁신이며, 민중들의 지지를 업고 교황에 오른 그레고리오 7세의 그 화답이기도 했다. 또 이 선언은 교황의 이후 행보에 커다란 명분이 되었다.

그러나 이어 발표한 주교의 서임과 면직 그리고 소임지 이동권이 교황에 있다는 칙령은 현실적으로 대의와 명분을 뛰어넘는 조치였다. 이 칙령은 당시 신성로마제국의 체제와 전면적으로 대립하였다. 왜냐하면 신성로마제국의 제

하인리히 4세

후들이 대부분 성직 제후, 즉 성직자이면서 제후였기 때문이다. 제후로서 당연히 황제의 영을 따라야 하는데, 이 칙령으로 졸지에 성직자라는 부캐 때문에 교황의 명령까지 따라야 하기 때문이다.

이러한 이중구조는 신성로마제국의 초대 황제인 오토 1세의 꼼수에서 비롯되었다. 그가 제국의 분열을 막기 위해 봉건 영주들과 달리 세습이 되지 않는 성직자들에게 봉토를 하사하고 충성 맹세를 받으며 성직 제후로 임명했던 것이다. 그 이후 일부 제후들이 성직자의 면세권을 노리고 스스로 성직을 겸하기도 하였다. 이러한 전후 상황에서 볼 때 그레고리오 7세가 현실을 너무 단순하게 재단했고, 너무 성급하게 의욕을 부렸다. 결국 황제와의 전선을 서둘러 달군 것이 아닌가 싶다.

교황의 이 칙령은 현실과 정면으로 충돌했다. 성직자였다가 제후가 된 자들이나 제후가 된 후 성직자를 겸한 자들이나 다들 교황의 독신 요구도 그렇지만 임면권이 교황에 있다는 칙령으로 갈팡질팡했다. 사실 더 당황한 자는 황제 하인리히 4세였다. 그는 거북의 등처럼 조각 난 신성로마제국을 다시 하나로 재건하기 위해서는 먼저 제후들을 제압해야 했다. 그런데 성직 제후들의 서임권을 교황이 가져간다고? 하인리히 4세는 어쩔 수 없이 물러설 수 없는 외나무다리 위에서 교황 그레고리오 7세와 만나야 했다.

결국 두 사람의 티키타카가 시작된다. 교황의 칙령에도 불구하고 황제는 예전대로 밀라노 대주교를 임명한다. 이건 또 젊은 황제가 너무 서두른 감이 있다. 평판도 그다지 좋지 않은 밀라노 대주교의 임명을 군이 이 시점에 강행할 필요가 있었나? 그러자 교황은 황제를 폐위할 수 있음을 암시하는 메시지를 보낸다. 그 역시 두고 볼 수는 없는 일이기 때문이다.

그래서 교황은 먼저 테이블 아래에서 황제와 협상하기 위해 딜을 친다. 불행하게도 젊은 황제는 물밑 협상에 익숙할 만큼 노회하지 못했다. 분노한 황제가 교황의 폐위를 선언하고 로마에 새로운 교황을 선출해줄 것을 요구했다. 이것이 관행이긴 하다. 황제는 교황을 폐위할 수 있었다. 아버지 하인리히 3세도 3명의 교황을 폐위했다. 그러나 밀라노 대주교 임명부터 교황 폐위까지가 하나의 계획된 시나리오로 보기는 어렵다. 젊은 황제가 너무 쉽게 관행대로 밀어붙이지 않았나 싶다.

교황도 지지 않고 바로 다음 날 황제의 파문을 선포한다. 그러나 이건 다르다. 전대미문의 사태다. 교황이 황제를 파문한 것은 이때가 처음이다. 교황의 호기다. 지금까지 황제에 맞서다 현실적 무력 앞에 무릎 꿇려 폐위당한 교황이 여럿이다. 그러면 그레고리오 7세는 무슨 생각으로 황제의 파문을 선언했을까?

거기엔 두 가지 판단이 깔려있지 않았을까. 하나는 '과연 노회한 제후들이 젊은 황제를 두고만 볼까?'다. 당시 황제는 스물여섯 살 미숙한 청년이었다. 신성로마제국의 제후들도 그를 아직은 만만하게 여겼다. 그가 섣불리 움직인다면, 제후들이 그의 뒤를 노릴 거라는 계산을 한 것이다. 다른 하나는 '최악의 경우 나에게는 노르만족이 있어.'였다. 이탈리아 남부를 점령하고 있는 노르만족은 사실 교황의 뒷배였다. 그래서 황제가 여느 황제처럼 쉽게 교황청으로 밀고 올 수 없을 거라고 판단했을 것이다.

교황의 판단이 처음에는 맞아떨어졌다. 신성로마제국 전역에서 반란이 일어났고, 제후들은 교황이 독일에 직접 와서 황제의 파문을 확정해준다면 그들이 새로운 황제를 선출하겠다고 결의까지 한다. 일부 제후들은 나서서 교황 호위를 위해 병력도 파견한다. 교황의 파문 선언에 힘이 실린다. 그러나 거기까지였다.

하인리히 4세가 병력을 이끌고 서서히 이탈리아로 향하자 상황은 빠르게 역전된다. 제후들은 서둘러 교황의 호위 병력을 철수시키며 놀란 토끼처럼 빨개진 눈으로 전후좌우로 눈치를 본다. 기세등등했던 교황도 허겁지겁 카노사로 도망간다. 이탈리아 북부 랑고바르드족은 로마로 진군하는 황제를 대대적으로 환영한다. 이 기회에 교황을 완전히 깔아뭉개라고 요구한다. '바보야, 문제는 칼이야!'라고.

그러나 하인리히 4세는 로마 입성을 코앞에 두고 병력을 뒤로 물린다. '잉, 뭐지?' 요즘 말로 전 세계의 이목이 그의 다음 행보에 집중한다. 교황도 카노사성에 숨어서 그의 일 거수일투족을 살핀다. 황제는 누추한 옷으로 갈아입더니 왕비와 어린 아들만 데리고 교황이 숨어있는 카노사성 앞 으로 천천히 걸어 나간다. 그리고 1월 25일, 이탈리아 북 부 눈발이 휘날리는 추운 겨울날 황제는 맨발로 3일 동안 성문 앞에서 교황의 사죄를 청한다. 3일째 되는 날, 마침내 교황을 알현하자 땅바닥에 엎드려 십자가 형상을 취하는 것으로 그에게 충성을 서약한다.

교황은 조금 당황했을 것이다. 이 왜소한 카노사성을 단숨 에 무너뜨릴 무력을 이끌고 와서, 3일 동안 아내와 어린 자 식까지 데리고 눈밭 위에 맨발로 서서, 왜? 젊은 황제의 이 노회한 쇼맨십은 뭐지? 그레고리오 7세는 황제의 의도를 도저히 가늠할 수가 없었다. 그가 3일 동안 카노사성 안에 서 판단을 주저한 이유다. 그러나 성직자로서 용서를 비는 자에게 달리 선택할 방법도 없다. 교황은 사죄를 받으면서 도 몹시 찜찜했을 것이다.

그러면 황제는 왜 카노사의 굴욕을 선택했을까? 젊은 황제 또한 불안했을 것이다. 어린 시절 제후들에 납치되어 5년간 감금 당한 시절을 떠올렸을지 모른다. 카노사성을 무력으로 진압하고 교황을 폐위하더라도 이미 내려진 파문으로 제후들이 집단으로 반란을 일으킬 수 있다. 또 노르만족과 동로마가 이들을 후원하고 나선다면 그 결과를 알 수 없다. 황제는 젊지만, 어린 시절의 시련으로 현실적 판단이 신중하고, 무엇보다 영악하다. 이번 소나기만 피한다면 반드시 복수할 날이 올 것이라고 발톱을 숨겼을지 모른다.

카노사의 굴욕, 알려지지 않은 후반전

이 카노사의 이벤트로 성직자의 서임권을 둘러싼 교황과 황제의 전쟁은 일단 그레고리오 7세의 승리로 끝났다. 그러나 이 이벤트로 교황과 황제의 시소게임이 끝났다고 보는 것은 섣부르다. 앞서 말한 대로 언제든 로마로 진군하여 교황을 폐위할 무력은 여전히 황제에게 있었기 때문이다.

이번 이벤트의 승패는 교황과 황제의 정치적 수 싸움의 결과일 뿐이다. 다시 말해 노회한 그레고리오 7세가 젊은 황제보다 당시 각 정치세력의 역관계와 이해관계를 더 잘 읽어낸 까닭이다. 그래서 교과서에서 말하듯 이 이벤트로 교황과 황제의 시소게임이 일대 전환을 이루었다고 보기 어렵고, 그래서 '카노사의 굴욕'으로 기록하는 것도 섣부른 해석이 아닐까 싶다. 그 이유는 '카노사의 굴욕'을 1077년 카노사에서 일어난 조금은 황당한 이벤트라 판단되기 때문이다. 그래서 교과서 진도와 관계없이 이벤트가 끝난 뒤를 조금 더 따라갈 필요가 있다.

그레고리오 7세는 카노사성을 나오면서 하인리히 4세에 내려진 파문을 철회한다. 그런데 제국의 영주들은 슈바벤 공작을 대립왕으로 추대하고 내전에 돌입한다. 당황한 교황은 두 진영 어느 쪽의 손도 들어주지 않는다. 그도 그럴 것이 이제 막 파문을 철회한 데다 섣불리 어느 일방을 지지했다가 상대방이 내전에서 승리할 경우 또다시 카노사성으로 도망가야 할지 모르기 때문이다. 그리고 이번에도 카노사의 이벤트가 재현될 거라고 자신할 수 없기 때문이다. 그래서 교황은 현실적 구속력을 전혀 갖추지 못한 어정쩡한 중재 제스처만 되풀이했다.

교황의 이러한 태도는 도리어 양 진영으로부터 불만과 불신을 더 키웠다. 영주들에게 황제의 파문을 철회했으니 황제에게 충성하라고 선언하든지 아니면 황제 파문의 철회를 번복하든지 어느 한 진영과 분명한 선을 그어야 했다. 그러나 교황은 계속 애매한 줄타기를 반복하며 주저했다.

그 사이 내전은 3년 넘게 엎치락뒤치락 공방을 계속했다. 눈치만 계속 보던 교황이 내전 4년 차에 가서야 제후들이 승기를 잡는 듯하자 뒤늦게 황제를 다시 파문한다. 그러나 이 파문 선언은 실기했다. 그의 2차 파문 선언은 양 진영 모두에게 아무런 영향도 미치지 못했다. 오히려 민심은 굴욕까지 감수하며 용서를 빌었는데 다시 파문당한 황제의 편으로 기울었다. 이후 교황청도 그레고리오 7세의 2차 파문을 교황권을 남용한 사례로 기록한다.

거기다 전세가 한순간에 돌변한다. 대립왕이 전투에서 불의의 사고로 사망한다. 영주 측은 리더를 잃었다. 새로운 대립왕 선출이 지연되며, 내분이 생기고, 그렇게 어렵게 선출된 대립왕의 리더십은 기대 이하였다. 내전은 빠르게 황제 쪽으로 기울며 끝난다. 교황은 2차 파문 선언이 장고 끝에 악수였음을 깨닫고 뒤늦게 후회한다.

내전을 마무리한 하인리히 4세는 3년 전 카노사의 굴욕을 상기한다. 그러나 황제는 어느새 서른을 넘겼다. 더 이상 앳되고 미숙해 칼부터 뽑는 애송이가 아니다. 황제는 먼저 제국부터 손본다. 배후의 영주들이다. 그리고 '말리는 시누이' 카노사 성주 마틸다 백작부터 정리한다. 그러고도 일년을 뜸 들인 후 로마로 향한다. 교황은 또 다시 피난길에 오른다. 로마에 입성한 황제는 제일 먼저 그레고리오 7세를 폐위하고 새로운 교황을 선임한다. 그리고 베드로 성당에서 황제 대관식을 올린다. 서임권을 둘러싼 황제와 교황의 2차 전쟁, 카노사의 굴욕 후반전은 하인리히 4세의 완벽한 승리로 끝난다.

자존심 강한 그레고리오 7세는 이탈리아 남부를 차지하고 있던 노르만족에 구원을 요청한다. 노르만족은 기다렸다는 듯 로마로 쳐들어온다. 하인리히 4세는 노르만족과 전쟁을 원하지 않았다. 이미 고집불통 교황을 폐위했고, 자신의 입맛에 맞는 교황을 선임했으니 순순히 로마를 비우고 독일로 돌아간다.

그레고리오 7세도 노르만족과 함께 다시 교황청으로 돌아온다. 그러나 노르만족은 교황을 구원하러 온 것이 아니었다. 로마는 455년 반달왕국의 '로마 대유린' 이래 최악의 방

화와 약탈에 몸서리친다. 사코 디 로마Sacco di Roma, '로마 대약탈'이 벌어진다. 로마 시민은 분노한다. 분노의 화살은 노르만족이 아니라 분명히 그레고리오 7세를 향하고 있었다. 이를 눈치챈 교황은 노르만족과 함께 서둘러 로마를 떠난다.

그레고리오 7세는 이탈리아 남부 항구도시 살레르노에서 쓸쓸히 망명 생활을 하다 객사한다. 그는 "나는 정의를 사랑하고 불의를 미워했다. 이로 인해 나는 망명지에서 죽는다."는 유언을 남긴다. 카노사의 이벤트 전이라면 모를까 그 이후 그의 행보로 볼 때 이 마지막 유언은 설득력이 없다. 그리고 교황은 1728년 성인에 등재된다.

연장전

이제 카노사의 굴욕 연장전이 시작된다. 그레고리오 7세가 선종했으니 번외 경기라고 해야 할까? 그레고리오 7세가 선종한 후 5년 뒤 복수의 칼을 갈던 카노사 성주 마틸다는 교황 우르바노 2세의 주선으로 스물여섯 살이나 어린 남독일 바이에른 공작과 정략결혼을 한다. 여전사 마틸다, 카노사의 굴욕의 또 다른 주인공이다. 카노사의 굴욕을 다룬 모든 명화에 등장하는 그레고리오 7세와 하인리히 4세 그리고 그 옆에 항상 있는 의문의 여인이 바로 마틸다다.

그녀가 아들뻘인 바이에른 공작과 결혼한 것은 이제 북이탈리아 영지 토스카나를 지키기 위해서가 아니다. 아버지처럼 따랐던 그레고리오 7세의 복수를 위해서다. 남독일과 북이탈리아의 혼인동맹을 통해 하인리히 4세에 복수하기 위해서다. 여기에 황제의 장남까지 동참한다. 둘째 왕비도 황제의 비윤리적 행위를 고발하며 힘을 보탠다. 이 모든 거사는 교황이 배후에서 조종하고 마틸다가 감독 겸 주연으로 등장한다. 그러나 마틸다의 복수전으로 치러진 연장전 전반은 어렵사리 황제의 승리로 마무리된다. 마틸다는 다시 고배를 마신다.

1102년 연장전 후반이 시작된다. 교황 파스칼 2세가 다시 하인리히 4세를 파문하자, 이번에는 차남 하인리히 5세가 제후들의 지지를 업고 반란을 일으킨다. 장남에 이어 차남까지, 그리고 이번에는 왕후까지 직접 반란에 동참한다. 국민의 사랑과 지지를 받은 개혁적인 군주였지만, 아내와 두 아들로부터 배반당한 셈이다. 이번에는 늙은 하인리히 4세가 전투에서 패하고 아들 하인리히 5세에 의해 강제 퇴임당해 감옥에 갇힌다. 그러나 노 황제는 측근의 도움을 받아 감옥을 탈출하여 독일 서부 로렌에서 재기를 노리지만 결국 객지에서 병사한다.

카노사의 굴욕을 연출한 두 주인공, 그레고리오 7세는 로마에서 쫓겨나 살레르노에서, 하인리히 4세는 조국 작센을

무릎을 꿇고 있는 하인리히 4세 그리고 의자에 앉아 있는 마틸다

도망 나와 로렌에서 둘 다 객사한다. 카노사의 굴욕에 등장한 삼각관계에서 살아남은 자, 최종 승자는 카노사의 성주 마틸다였다. 그녀는 십자군 전쟁에서 다시 한번 화려하게 재등장한다. 기대하시라, 개봉박두.

800년 뒤 신성로마제국 이래 연방 체제를 이어가던 독일을 하나의 통일국가로 만든 재상 비스마르크가 카노사에서 굴욕을 선택한 하인리히 4세를 '결코 굴욕당할 수 없는 우리의 영혼'이라 선언했다. 비스마르크의 말처럼 카노사의 굴욕, 하인리히 4세는 과연 그때 거기서 굴욕당하긴 한 걸까?

과거와 미래의 충돌, 아비뇽 유수

달이 차면 기운다. 카노사의 굴욕 이후 200여 년 동안 교황의 권위는 천상에서 현실로 뿌리를 내리며 빠르게 세속화한다. 권력이 주변의 눈치를 보지 않으면 뿌리부터 썩고, 그 악취는 연못에서 피어오른다. 그러나 진흙탕 속에서도 연꽃의 씨가 움트고 저항의 잎이 솟아나 새로운 세상을 꽃피우는 것이 순리이고, 진보이며, 역사의 교훈이다.

아비뇽 유수는 황제와 교황의 한 판 시소게임에서 황제 쪽으로 기운, 카노사의 굴욕과 정반대의 일회성 이벤트라 말할 수 없다. 사건은 시소게임이 아니다. 이미 연못 아래에서는 거대한 지각 변동이 일어났다. 오르락내리락하는 일회성 시소게임이 끝났다는 말이다. 아비뇽 유수가 그 선언이라 보는 것이 더 적합하지 않나 싶다.

카노사의 굴욕(1077년)에서 아비뇽 유수(1309~1378년) 사이에 황제와 교황 간 시소게임을 끝내는 역사적 사건이 있었다. 십자군 전쟁(1095~1291년, 다음 권에서 다룸)이다. 십자군 전쟁은 교황의 권위로 시작하여 교황 권력의 끝판을 보여준 뒤 교황의 권위와 권력을 한꺼번에 진흙탕으로 처박은, 200년간 종교의 이름으로 인간이 자행한 최악의 집단 범죄 역사다.

십자군 전쟁은 유럽의 질서를 바닥부터 뒤집는다. 아홉 차례에 걸친 십자군의 행군로를 따라 유럽 지도에 공터가 사라지며 농지가 개간되고, 농업이 발달하며 상품 화폐 경제가 시작되고, 왕국의 세수가 쌓이며 영토가 확장되고, 영주와 기사가 몰락하며 관료제가 시작되고, 국경이 정리되며 왕권이 강화된다. 교황이 중세를 부여잡고 있는 동안 황제는 중세를 떠나 이미 근대를 준비하고 있었다.

역사는 항상 그렇다. 과거의 주류가 지나간 역사를 붙들고 있는 동안 비주류는 변방에서 새로운 역사를 쓰기 시작한다. 주류가 과거를 향유하는 동안, 아니 어쩌면 스스로 과거를 허무는 동안 비주류는 그 과거의 쓰레기 더미에서 미래의 씨앗을 준비하는 것이다. 주류도, 비주류도 그 사실을 모른다. 이것이 역사의 아이러니지만, 또 재미다.

권력이 무너지는 것은 한순간에 일어난다. 그러나 그 출발은 오래전부터 시작되었고, 잘못된 선택이 쌓이고 쌓여서 어느 날 어이없게 푹 꺾이는 것이다. 세상의 정보를 다 움켜쥔 것 같은 권력자도 그 변화를 눈치채지 못하는 게 사실 공평하다. 인과 연이 서로 얽혀 원인과 결과를 가늠할 수 없기 때문이다. 가끔은 언뜻언뜻 불길한 예감이 스쳤을 것이다. 그러나 스스로 애써 부정한다. 욕망과 집착 때문이다. 이 역시 공평하다.

비주류가 새로운 시대를 여는 것은 그의 이해가 새로운 시대와 부합하는 천운이 있어서다. 과거를 부정한다고 해서 모두가 다 미래의 주체가 될 수 없다. 구체제에서 억압받는 비주류라고 해서 모두 다 새로운 시대의 주류가 될 수 없는 이유다. 새로운 시대를 여는 그들 또한 욕망과 집착이 왜 없겠는가? 단지 그들의 꿈과 이해가 앙샹레짐(ancien régime,

구 체제) 하에서는 제한되고 억압되지만, 새로운 시대가 열리면 마침내 꿈을 펼칠 수 있고, 이해를 실현할 수 있기 때문에 그들은 미래를 얻는다.

이때 등장한 유럽의 새로운 강자가 프랑스의 필리프 4세다. 그는 세 살에 친모를 잃고 여섯 살에 계비가 들어온다. 여덟 살에 친형의 갑작스런 죽음에 계비와 관련되어 있다는 소문을 듣게 된다. 열일곱 살에 부왕의 객사로 왕위에 오른다. 어린 나이에 너무 많은 것을 보고 배워야 했다. 그래서 그는 쉽게 감정을 드러내지 않는다. 그의 별명이 '대리석 왕'이다. 자신의 정서적 불안을 겉으로 드러내지 않는다고 생긴 별명이기도 하지만, 자신에게 주어진 시대적 과제를 냉철하고 잔인하게 밀어붙인 까닭이다. 그를 '사람도 짐승도 아니다. 그냥 대리석이다.'고 비난한다. 사이코패스? 역사 속 영웅 중에 의외로 사이코패스가 많은 게 사실이다.

그가 유럽 최강의 군주에 오른 이유는 어느 군주보다 시대의 변화를 빨리 읽어냈기 때문이다. 그는 중세의 몰락을 간

필리프 4세

파했다. 교황의 권위도 더 이상 절대적이지 않음을 눈치챘고, 영주들의 경제적 기반도 무너지고 있음을 파악했다. 그래서 이제 군주가 강력한 단일 국가체제를 구축해야 하며, 그 수단은 관료제이고, 이를 통해 세제를 혁신하고 세수를 늘려 국가 재정을 키워야 한다는 공식을 세웠다. 또 가장 먼저 움직였다.

결국 교황 보니파키우스 8세와 결전이 시작되었다. 이번에는 성직자에 대한 조세권과 재판권이 이슈였다. 필리프 4세는 왕권 강화 프로젝트에 따라 영주들을 하나하나 정리하기 위해 내전을 치러야 했고, 국경을 확장하기 위해 주변 국들과 전쟁을 벌여야 했다. 이 전쟁에 막대한 재정이 필요했고, 결국 성직자들에게 과세를 부과해야 했다. 이때 교황의 사람인 파미에 주교가 반기를 들고 나섰다. 구시대 인물. 필리프 4세는 망설임 없이 그를 재판정에 불러냈다. 필리프 4세의 주장은 단순 명쾌하다. '프랑스 성직자는 성직자이기 이전에 프랑스인'이라는 것이다. 근대적 사고방식이다.

보니파키우스 8세는 필리프 4세를 파문하겠다고 위협했다. 구시대 문법. 그러자 왕은 프랑스 역사상 최초로 파리 노트르담에서 삼부회를 소집했다. 삼부회에는 성직자, 귀족 그리고 새로운 세력인 도시 대표자들도 참석했다. 거기서 교황을 이단으로 단죄하였다. 교황은 왕의 파문을 준비했다. 왕은 교황을 체포하러 군대를 보냈다. 교황과 황제의 시소게임의 수순이 과거와 크게 다르지 않다. 그러나 달라진 것은 바로 필리프 4세가 교황의 단죄를 스스로 결단한 것이 아니라 삼부회라는 국민대표를 소집해 거기서 의결하는 절차를 밟았다는 것이다. 이 역시 근대적 문제해결 방식이다.

교황은 여전히 '교회의 재산은 신의 것으로 세속의 군주가 과세할 수 없다'는 주장을 되풀이했다. '교회의 권력은 두 개의 검으로 이루어지는데, 정신적 검은 교회에 의해서, 물질적 검은 교회를 위해서 사용되어야 한다'는 양검론을 담은 〈우크상탐〉을 발표한 것이다. 그러나 흘러간 물이 물레방아를 돌릴 수 없다.

필리프 4세가 보낸 군대는 아나니 별장에 있던 교황을 체포하여 철제장갑을 낀 주먹으로 그의 뺨을 후려갈겨 기절시켰다. 기가 막힌다. 보니파키우스 8세는 로마로 돌아갔지만, 기운을 되찾지 못하고 며칠 뒤 선종했다. 교황권의 절정을 누렸던 그는 '여우처럼 교황의 지위에 올라 사자처럼 지배하다 개같이 죽었다.'고 역사에 기록된다.

필리프 4세와 보니파키우스 8세 사이의 황제와 교황의 시소게임 양상은 지난 천 년 동안 일어난 갈등의 전개 양상과 크게 다르지 않았다. 황제 쪽으로 기울든, 교황 쪽으로 기울든. 한쪽이 폐위하면 다른 한쪽은 파문하고. 그러다 부대를 동원하든, 머리를 숙이고 사죄하든. 외양은 교황의 종교적 권위에 좌우되는 듯하지만, 실상은 세속적 무력 관계에서 결판났었다.

그러나 십자군 전쟁 이후 교황의 세속적 무력의 원천은 해체되었다. 필리프 4세가 카노사에서 무릎을 꿇은 하인리히 4세보다 뛰어나서가 아니다. 그의 이해와 선택이 새로운 질서와 맞아떨어졌기 때문이다. 보니파키우스 8세의 문제도 아니다. 그는 어느 교황보다도 뛰어난 정치력을 갖춘 교황이었다. 단지 그는 앙샹레짐, 구시대 인물이었을 뿐이다.

그 이후 교황의 임명은 황제의 손으로 다시 넘어갔다. 필리프 4세는 프랑스인 클레멘스 5세를 교황에 올렸고, 교황은 프랑스 아비뇽으로 교황청을 옮겼다. 그로부터 7명의 교황이 아비뇽에서 70년간 프랑스 국왕의 보호(?) 하에 놓였다. 역사는 이 기간을 아비뇽 유수라고 기록했다.

중세의 교황권은 카노사의 굴욕(1077)으로 승기를 잡아, 십자군 전쟁(1095~1291)으로 정점을 찍고, 전쟁과 함께 막바지로 치닫다가 아비뇽 유수(1309~1378)로 마침내 바닥을 보였다. 그 이후에도 당시 유럽 인구의 1/4을 죽음으로 몰아간 흑사병(1346~1353)으로 생지옥과 광신을 드러내고, 백년전쟁(1337~1453)으로 혼란에 빠지더니, 결국 교황이 네 명까지 난립하는 교회 대분열(1378~1449) 기간에는 교황이 직접 전쟁을 일으키고 인민을 학살하는 막장까지 연출한다.

그렇게 교황이 무너지면서 중세도 함께 저문다. 그리고 1453년 오스만 튀르크 제국의 술탄 메메드 2세가 절대 무너지지 않는 성, 콘스탄티노플을 마침내 함락하면서 동로마 제국과 함께 중세가 끝난다. 그래서 아비뇽 유수는 교황 권력의 기승전결의 대미를, 그래서 중세의 몰락을 알리는 신호탄이었다.

기승전결, 변화를 읽는 법

일상이 익숙하고

마주하는 사람이 반복되면서

엉덩이가 무거우면

밤이 깊었다는 귀띔이다.

반대하는 목소리가 줄고

의사결정이 빨라지면서

상한가를 치면

바로 꺾였다는 신호다.

변수가 많아지고

룰에 예외가 생기면서

동일한 인풋에 다른 아웃풋이 나오면

무너지고 있다는 징조다.

사람들이 실실 눈을 피하고

먼저 나서질 않고

말수를 줄이면

어디선가 새로운 준비가 시작되고 있다는 암시다.

권력자의 계산법

초판 1쇄 발행	2023년 11월 24일
지은이	최봉수
펴낸이	신민식
펴낸곳	가디언
출판등록	제2010-000113호
CD	김안빈
마케팅	이수정
디자인	미래출판기획
주소	서울시 마포구 토정로 222 한국출판콘텐츠센터 401호
전화	02-332-4103
팩스	02-332-4111
이메일	gadian@gadianbooks.com
홈페이지	www.sirubooks.com
종이	월드페이퍼(주)
인쇄·제본	(주)상지사P&B
ISBN	979-11-6778-108-6(04900)